いま、公明党が考えていること

JN229648

潮出版社

まえがき　佐藤　優　9

第一章　公明党とはいかなる存在か　15

佐藤優夫人と山口那津男代表の知られざる縁
公明党を創立した池田大作ＳＧＩ会長
公明党永遠の立党精神「大衆とともに」
「国民とともに」生きるのか「大衆とともに」生きるのか
池田ＳＧＩ会長が展開する存在論的な哲学観
「政治家・山口那津男」の初心の志
「弱者の側に立つ」弁護士としての忘れえぬ仕事
実刑で服役前の女性に実家で出産させてあげたい
弁護士としての能力を立法府の場で生かす
初めて「なっちゃん」とニックネームで呼ばれた公明党代表

小学校教師の母と気象庁職員の父から学んだ教え
漢字がほとんど読めない人とともに学んだ高校生時代
「学生は役に立たねえな」と鍛えてくれた人生の先輩
国政ではなく草の根の地方議会から歩み始めた公明党
一番苦しむ鉄道労働者を見捨ててはならない
外務省を退職して「大衆とともに」戦う高瀬ひろみさん
「受けるよりは与える方が幸いである」

第二章 公明党の「平和主義」の本質とは何か 59

集団的自衛権と平和安全法制をめぐる公明党の戦い
「七・一閣議決定」によって守った日本国憲法の平和主義
「戦争法案反対」「徴兵制が始まる」は現実とは正反対の空想
デモ行進に参加する反対派のおかしな主張

「政権与党のブレーキ役」としての公明党の役割
湾岸戦争の苦い経験からＰＫＯ参加へ転換した大きな決断
公明党の根底に流れる「存在論的平和主義」
「平和の党・公明党」の原点
ソ連共産党がもっとも評価していた日本の政党・公明党
池田ＳＧＩ会長の傑出した日中外交、日ソ外交
朴槿恵大統領、習近平国家主席と対話のチャンネルを開いた山口代表
習近平国家主席と計五回会談した日本で唯一の政治家
「政治的野心」を超克した大局観と中道外交
日韓友好の橋渡しをする一五〇万人の韓国ＳＧＩメンバー
尖閣諸島問題を「棚上げ」にした周恩来総理の英断
「人間の安全保障」と公明党の存在論的平和主義
人間主義と対話に根ざしたテロリズムとの戦い
ＳＧＩの世界宗教化と公明党の与党化

第三章　軽減税率と中小企業対策

なぜ「軽減税率」の実現にこだわったのか
印象操作によって議論の本質をズラす野党の無責任
財務省の論理と民衆の論理
いまこそ日本にインボイス方式を導入するべきだ
「増税→消費の冷えこみ」にストップをかける方法
日本はヨーロッパ諸国の叡智に学べ
政権交代後一五兆円も税収を伸ばしたアベノミクス
「情緒」の自民党・財務省と「理詰め」の公明党
中小企業を守るネットワーク政党・公明党の強み
公明党が実現した中小企業の「資金繰り円滑化制度」
中小企業従業員の賃金を守る「政労使会議」を実現
下町の中小企業社長と膝詰めで語り合う

第四章

福祉の党「公明党」が描く日本の未来

旧ソ連で学んだ外務省職員の現場主義インテリジェンス
マクロ経済政策とミクロ経済政策は車の両輪だ
人を「能力」で比較せず「適性」を重視する公明党の目線
国民一人ひとりに目を向けた「心の景気対策」
政党助成金と歳費で蓄財しようとする浅はかな政治家
公明党の「与党化」と「プレイヤー化」
「福祉の党＝公明党」の原点
公明党が実現した小中学校への教科書無償配布
一九六〇年代から他党に先駆けて児童手当を実現
一人親家庭や多子世帯への児童扶養手当を充実
「善き納税者を育てる」公明党の手厚い子育て対策

幼児・児童教育は「子どもの将来への投資」
新時代に打ち出した「新しい福祉社会ビジョン」
「子育て世代包括支援センター」を全国に張り巡らせる
デフレ経済脱却のためのアベノミクス成長戦略
社会保障費一一〇兆円の財源をどう確保するか
「税金を使う人」から「税金を払う人」へ　障がい者が働ける社会づくり
若者の雇用対策とブラック企業取り締まり強化
「地方版ハローワーク」で地域に若者の雇用を生む
里親制度と児童養護施設が救う子どもたちの未来
第五章　地方創生と震災復興　183
公明党が目指す地方創生とは何か
「企業版ふるさと納税」で地域を活性化
奨学金を活用した大学生の地方定着

民泊の規制緩和で外国人観光客二〇〇〇万人を呼びこむ
移民受け入れと「異なる者」を認め合う共生社会
公明党の根底に息づくコスモポリタニズム
ＴＰＰが活性化するアジア太平洋の自由貿易
沖縄の基幹産業サトウキビ栽培は「人間の安全保障」だ
離島の地下ダム建設で淡水スプリンクラーを農業に活用
東日本大震災から五年　公明党の震災復興への取り組み
二〇二〇年へ向けての「復興・創生期間」の始まり
福島の大規模風力発電「イノベーション・コースト構想」
日本政治の舵取り役としての与党・公明党
「公明党は世俗政党」「自民党は宗教政党」

あとがき　山口那津男　215

まえがき

佐藤　優

　本書は、公明党の「いま」について論じたユニークな書だ。じつは、公明党について論じるということは、同時に日本と世界について論じるということでもある。平和安保法制によって、現実的に平和が担保され、自衛隊が海外に出動する条件には厳しい縛りがかけられた。消費税率が一〇％になるにともなって導入される軽減税率は、日本社会の分断をなくし、納税者の痛税感を軽減するとともに、社会的に弱い立場に置かれた人々の心にも配慮した優れた政策と思う。また、二〇一五年七月一四日に閣議決定された戦後七〇年の安倍首相談話が、第二次世界大戦後の国際社会で受け入れられている普遍的価値観に基づいた内容になったのも、公明党の尽力によるものだ。これらの点については、本書で詳しく論じられているので、まえがきで屋上屋を架すようなことは避けたい。

　外交官時代にも私は公明党の政治家と仕事で接触したことは何度もある。しかし、人間関係はそれほど深まらなかった。公明党だけでなく与野党すべての政治家との関係で、私はそれほど深入りすることはなかった。私は外交官だったので、社交的性格であると勘違いされることが多いのだが、どちらかというとインドア派で、本を読み、限られた友人との関係を深めていく方が好きなのである。

私が公明党に本格的な関心を持つようになったのは、じつは公明党の支持母体である創価学会について勉強するようになってからのことだ。私は同志社大学神学部と大学院神学研究科でキリスト教（プロテスタント）神学を研究した宗教専門家でもある。外交官になったのは、いくつかの偶然が重なったからに過ぎない。また、北方領土交渉に深く関与し、鈴木宗男事件に連座して、逮捕され、裁判で有罪になったのも巡り合わせによるものだ（幸い、執行猶予期間を満了したので刑の言い渡しは効力を失っている）。一人の宗教専門家として見た場合、創価学会が世界の宗教史に新たな頁《ページ》を開こうとしていることがわかる。ひとことで言うと、創価学会は世界宗教になりつつあるのだ。池田大作ＳＧＩ（創価学会インタナショナル）会長（創価学会名誉会長）の指導で、日本で生まれた日蓮仏法が、世界宗教になろうとしている。

このような時代の大転換期に、創価学会を支持母体とする公明党が、何を考え、どう行動しているかについて知ることは、グローバリゼーションの時代の中で日本がどう生き残っていくかを考えるうえで極めて重要なのである。

しかし、公明党に関する出版物を取り寄せて勉強しているうちに「タブー」が存在していることに気がついた。一九七〇年代のいわゆる「言論・出版問題」以後、公明党と創価学会の関係について語ることがタブーになってしまったのである。もちろん、公明党を叩く内容の本や雑誌は掃いて捨てるほどある。しかし、そこからは、公明党の真実の姿が見えてこない。公明党の側にも少し前までは、政教分離について過剰な意識が働いていたように思えてならない。しかし、これが大きく変わったのは、二〇一四年一一月に刊行された公明党の公式の文書である『大衆とともに——公明党50年の歩み』においてだ。本書のグラビアの一頁目は、推定樹齢二〇〇年の秋田杉の年輪だ。二頁目に池田SGI会長の写真が掲げられている。キャプションにはこう記されている。

〈池田大作公明党創立者（創価学会会長＝当時）

1962年（昭和37年）9月13日の公明政治連盟（公政連）第1回全国大会（東京・豊島公会堂）で、創立者である池田会長はあいさつのなかで、公明議員の在り方として、「大衆とともに語り、大衆とともに戦い、大衆の中に死んでいく」との指針を示された。

その池田会長の言葉は、2年後の公明党結党に際し、党の根本指針として党綱領に明記された〉

この写真によって、四〇年以上の「言論・出版問題」による軛《くびき》から、公明党も創価学会も解放されたのだと私は見ている。いま、必要なのは、日本国憲法に従った正しい政教分離に関する認識だ。この点については、本書で山口氏が端的に述べている。

〈日本国憲法に定められた「政教分離」の原則は、特定の宗教団体の政治活動を縛るものではありません。「国家が特定の宗教を優遇したり排斥してはならない」。これが政教分離の正しい考え方です。〉（本書二二頁）

むしろ、平和、生命、人間を尊重する創価学会と価値観を共有する人々が、政治のプロとして活躍しているので、公明党は信頼できるのである。私は、日本基督教団（日本のプロテスタントの最大教派）に所属するキリスト教徒なので、仏教徒から見るならば六師外道のさらに外側の人間ということになるのだろう。しかし、そのことが公明党の政治家と意見交換をするうえで、何の障害にもならない。政教分離の精神は公明党に根づいている。それと同時に公明党は、権力奪取のために、あるいは特定の業界や階級の利益を体現するために作られた結社ではない。ここで重要なのが、公明党の支持母体となる創価学会の価値観だ。

〈公政連は62年9月13日、結成後初の第一回全国大会を東京・豊島公会堂で行った。

これには全国より２０００人の代表が集った。その席上、池田会長（当時）は来賓あいさつで、公政連の議員の在り方として次のように語った。「……最後の最後まで、生涯、政治家として、そして指導者として、大衆に直結していってもらいたい。偉くなったからといって、大衆から遊離して、孤立したり、また組織の上にあぐらをかいたりするような政治家には絶対になっていただきたくないのであります。大衆とともに語り、大衆とともに戦い、大衆のために戦い、大衆の中に入りきって、大衆の中に死んでいっていただきたい。どうか公政連の同志の皆さん方だけは、全民衆のための、大衆のなかの政治家として一生を貫き通していただきたいと、切望するものであります」と。

その池田会長の言葉は、２年後の公明党結党に際し、党の根本方針とすべく、党綱領に明記され、結成大会で発表された。「大衆とともに語り、大衆とともに戦い、大衆の中に死んでいく」とのフレーズに要約された指針は、公明党の原点として、党そのものの在り方はもちろん、公明党議員一人ひとりの在り方・生き方の重要な指針として重く受け止め、深く銘記すべきであろう。

池田会長は公政連大会の席上、この「大衆とともに」の指針のほかに、「団結第一」

であれと述べ、「派閥や反目がもしあれば公政連は解散すべきだ」、また、様々な勉強と、あらゆる知識の吸収、各界の指導者と会っての勉強など「自己研さんを怠らず、大指導者、大政治家にふさわしいよう大成長を図って欲しい」、さらに「後輩を育て、後輩に道を譲っていく政治家、指導者になっていただきたい」と語り、公明議員の自覚を促した。〉（公明党史編纂委員会『大衆とともに――公明党50年の歩み』公明党機関紙委員会、二〇一四年、三二～三三頁）

本書での山口氏と私のタブーなき対談を読んでいただければ、「大衆とともに語り、大衆とともに戦い、大衆の中に死んでいく」とのフレーズに要約された公明党の価値観が、発展し、勝利に勝利を重ねていることを理解していただけると思う。

本書の上梓にあたっては、山口氏との対談を提案してくださった潮出版社の南晋三代表取締役、有田修取締役に感謝申し上げるとともに、編集にあたっては幅武志副部長にたいへんにお世話になりました。どうもありがとうございます。

二〇一六年三月一〇日、東京都新宿区にて

佐藤　優

第一章——公明党とはいかなる存在か

佐藤優夫人と山口那津男代表の知られざる縁

佐藤優　初めてお話しすることなのですが、実は私の家内が山口代表の大ファンなのです。私の家内は元外務省職員でして、軍縮不拡散・科学部の通常兵器室で勤務していました。彼女は対人地雷や劣化ウラン弾(1)を担当していまして、そのころ山口代表のところへ上司に同行して何度も説明に行っているのです。

山口那津男　えっ、そうだったんですか。そうとは知らず、たいへん失礼しました。

佐藤　山口代表から外務省に「資料を出してください」と連絡がくると、対人地雷や劣化ウラン弾関係の資料を作るのは私の家内の仕事だったんですよ。「山口さんはいつも最後まできちんと話を聞いてくださる。しかも理解度がものすごく高い。だから資料の作りがいがある」と言っていました。

山口　それは大変にお世話になりました。奥さまにくれぐれもよろしくお伝えください。

佐藤　必ず伝えます。私が外務省を辞めて作家になってから、山口代表とはラジオの対談番組をはじめ何度もお会いしてきました。こういった御縁ができる前から、私は家内から山口代表の人柄と仕事ぶりについて詳しく聞いていたのです。

なかには「国会で取り上げてやるから資料をもってこい」という態度の政治家もいるわけですよね。しかし山口代表には「国会でパフォーマンスしてやろう」という軽薄な姿勢はない。だから外務省の役人が「現状はこうなっています。それからこういう問題もありますよ」と細部にわたって詳しく説明すると、身を乗り出して細かい説明に耳を傾けてくださるというのです。「しかも話の内容を実によく理解してくださった」とすごく喜んでいました。

山口　ありがとうございます。地雷除去は私のライフワークの一つです。一九九一年七月、カンボジアを訪問したときに手足のない子どもたちと出会いました。対人地雷の犠牲者は兵士だけではありません。鬼ごっこをして遊んでいるときに地雷を踏んでしまったり、生活圏に散在する不発弾が爆発し、子どもたちが手や足を失ってしまうのです。

「日本の建設機械の先進技術を使って対人地雷を除去できないものか」と考え、国会などで外務大臣にかけ合って「武器輸出三原則[2]」の適用対象から外すことができました。そして日本の対人地雷除去機を海外へ輸出できるようにし、カンボジアをはじめ各国で地雷除去を進めたのです。

佐藤　山口代表と公明党は、自衛隊が保有する対人地雷とクラスター爆弾（大量の小型爆弾をケースに詰め、広範囲に一気に散布する兵器）の全廃を実現しました。

山口 野党時代の公明党が強く主張し、日本政府は九七年に「対人地雷禁止条約」[3]（オタワ条約）に署名しました。公明党が与党時代の二〇〇三年二月、日本政府は「クラスター弾に関する条約」[4]（オスロ条約）に署名しました。一五年二月、自衛隊は一万四〇〇〇発のクラスター爆弾の廃棄を完了しています。

対人地雷やクラスター爆弾のような非人道的兵器を使用すれば、子どもたちを含む多くの一般市民に計り知れない犠牲をもたらします。対人地雷やクラスター爆弾の全廃へ向け、「平和の党」公明党が先頭に立ってリードすることができました。

佐藤 一四年四月には、「武器輸出三原則」に代わる「防衛装備移転三原則」の閣議決定がされました。つまり、武器輸出三原則が緩和されたわけですが、これは対人地雷の除去などのような日本の国際貢献をさらに重用していくために重用な措置だったと思います。

これまでは武器輸出三原則によって、地雷除去に必要な地雷除去機などを輸出したり、現地に持ち込んだりすることはできず、その都度、例外的措置として武器輸出三原則の適用対象から外す必要があったわけです。だから、山口代表はカンボジアをはじめとする各

18

国での地雷除去を進めるために、対人地雷除去機を武器輸出三原則の適用対象から外すように外務大臣や経済産業大臣にかけ合ったわけですね。

山口　そのとおりです。過去に例外措置の対象となった品目を見ると対人地雷除去機をはじめ、国際平和協力活動で自衛隊が使用する油圧ショベルといった重機や、旧日本軍が中国に遺棄《いき》した化学兵器の処理で使う防護服などがあります。こうした分野での日本の技術に対する評価は高く、国際社会からは災害復旧や地雷除去支援などの分野でもっと日本の機材を出してほしいと求められていました。

ただ、例外的措置を積み重ねてきた結果、その回数は二一回にのぼり、例外措置に特にルールがあるわけではないため、輸出（移転）が際限なく広がるのではとの懸念もありました。つまり制度運用は限界に達していたのです。

佐藤　「戦争に加担するのではないか」という指摘もありましたが、新三原則は、①移転を禁止する場合の明確化、②移転を認める場合の限定と、厳格審査の実施および情報公開、③目的外使用や第三国移転防止のための適正管理――の三つが柱とされていますね。

山口　具体的に見ていくと①では、「こうした地域には移転しない」という門前払いの地域を明確にしました。国連安保理決議に違反する国や、紛争当事国への移転は認めません。

②は、平和貢献・国際協力の積極的な推進や、邦人保護など日本の安全保障に役立つ場合にのみ移転を認める原則です。厳格な個別審査を通して決定します。③は、移転した装備品が容易に目的外に使用されたり、第三国に移転されることを認めない原則です。

加えて、公明党の主張で情報公開が徹底されました。移転の許可状況については、年次報告書を作成して日本版NSC(5)（国家安全保障会議）に報告し、国民に公表します。特に重要な案件はNSCで審議されますが、その内容も公開されることになりました。

公明党を創立した池田大作SGI会長

佐藤　二〇〇九年九月、山口さんは公明党代表に就任しました。山口代表の体制になってから、公明党外部、支持母体である創価学会に対する外部からの信任が非常に厚くなったように思います。公明党員でもなく創価学会員でもない、プロテスタントである外部の私から見ると、そのことがよくわかるのです。

山口　ありがとうございます。一二年一二月、自民党と公明党は衆議院総選挙に勝利して政権を奪還《だっかん》しました。第二次安倍晋三政権の成立後、公明党は連立与党の一員として努力を重ねています。

佐藤　一四年一一月、公明党創立五〇周年を記念する党史『大衆とともに――公明党50年の歩み』（公明党史編纂委員会）が発刊されました。この本は極めて重要です。一九六九年、政治評論家の藤原弘達氏が衆議院選挙直前に『創価学会を斬る』という創価学会と公明党への批判書を出版しました。創価学会と公明党は、出版にあたって「取材のうえで事実に基づいて書いてほしい」といった要望などをしたわけですが、こうした動きが言論弾圧にあたるとして社会的批判を受けて以降、「創価学会と公明党との関係については極力口にしない」という規制が公明党に働いてきたように思います。私は、この「言論・出版問題」を経て、創価学会と公明党は行きすぎた政教分離の状態になっていると見ていましたが、山口さんが代表に就いてから、その雰囲気はずいぶん変わりました。

『大衆とともに――公明党50年の歩み』の巻頭グラビアには「池田大作公明党創立者（創価学会会長＝当時）」というキャプションつきで池田大作ＳＧＩ（創価学会インタナショナル）会長の写真が掲載されています。山口代表が書かれた「はじめに」の冒頭には以下の記述がありました。

〈公明党は１９６４（昭和39）年11月17日に、池田大作創価学会会長（当時）の発意によって結成された。「大衆とともに語り、大衆とともに戦い、大衆の中に死んでいく」（池田大作公明党創立者）の指針のもとで、大衆福祉の実現をめざして、活発に活動を展開し、本年２０１４（平成26）年11月17日、結党50年の佳節を迎えた。[6]〉

この本が出て以降、私の周辺では、「いままで公明党の会合に出ても、創価学会のことは誰も口にしなかった。創価学会との関係について山口代表がストレートに説明してくれたおかげで、公明党への信頼感が増した」といった声をよく聞くようになりました。

山口　そう言っていただき、とてもうれしく思います。日本国憲法に定められた「政教分離」の原則[7]は、特定の宗教団体の政治活動を縛《しば》るものではありません。「国家が特定の宗教を優遇したり排斥《はいせき》してはならない」。これが政教分離の正しい考え方です。

佐藤　おっしゃるとおりです。宗教団体が自分たちの価値観に基づき、同じ価値観を共有する政党を支持する。こうした政治活動にはまったく問題がありません。公明党結党五〇周年の節目に当たり、山口代表はそこのところを堂々と主張されたわけです。

しかもマスメディアの間では、先ほどの山口代表の記述に対する反発がまったくありませんでした。かつてであれば、感情的なアレルギー反応が強烈に浴びせられていたと思います。これは公明党に対する信頼感、さらに言及すれば、支持母体である創価学会への信頼感が日本社会に着実に根づいてきたことの証左《しょうさ》ではないでしょうか。

公明党永遠の立党精神「大衆とともに」

佐藤　公明党の人たちは「大衆とともに」というスローガンについてよく「永遠の立党の精神」と表現します。

山口　一九六二年（昭和三七年）九月一三日、公明政治連盟（公明党の前身）第一回全国大会の場で、池田大作創価学会会長（当時）は立党の精神を世に宣言しました。

大会が開かれた豊島公会堂は五二年（昭和二七年）に完成しています。戦後の廃墟《はいきょ》の残骸《ざんがい》がまだ残っていた当時、モダンで斬新《ざんしん》なデザインの豊島公会堂が完成し、多くの人に利用されました。豊島公会堂は生まれが私と同い年なので、とても親近感があるんですよ。

佐藤　山口代表は実年齢よりもずいぶん若く見えますすね。六〇歳を過ぎているとはとても思えません。

山口　少し努力もしてますよ（笑）。池田会長は、正確には次の五つのフレーズを宣言しました。「大衆とともに語り、大衆とともに戦い、大衆のために戦い、大衆の中に入りきって、大衆の中に死んでいっていただきたい。」これが今では「大衆とともに語り、大衆とともに戦い、大衆の中に死んでいく」という三つのフレーズに集約されているわけです。これは公明党が保つべき精神をあますところなく語っています。

佐藤　池田会長が「国民」ではなく「大衆」という言葉を使われたことが重要です。「国民」と言うと、日本国籍をもたない在日外国人や無国籍者を排除《はいじょ》してしまうわけですよね。その点、どうも信用ならない政党が一つあります。二〇一五年になって突然「国民連合政府」[8]という構想を叫び始めた某革命政党です。

あの人たちは一昔前まで「国民」という言葉は基本的に使いませんでした。この党の人たちは「国民」ではなく「人民」と呼び、「人民的議会主義」の確立を訴え、「民主連合政府」を日本に打ち立てると何十年も主張し続けてきたわけです。「国民」という言葉を使うのを避けていたのは、「この言葉には国民以外を排除する要素がある」とあの人たちが考えていたからでしょう。

裏返して見ると、そういう認識をもっている人たちが「国民」という言葉を強調するということは、その発想に一種の排外主義が入ってきているからだと思います。「国民連合政府」という言葉遣いには、ナショナリズム（国家主義）を煽《あお》りながら自分たちの権力基盤を拡大しようとする意図が透けて見えてなりません。

その点、公明党は出発から現在に至るまで一貫して「国民とともに」ではなく「大衆とともに」という姿勢がまったく変わらない。世界市民的な視野をもった基点が、立党から五〇年経ってもまったくブレていないのです。

「国民とともに」生きるのか「大衆とともに」生きるのか

山口　連立政権のパートナーである自民党が結党されたのは、一九五五年一一月一五日のことです。二〇一五年一一月二九日、自民党は結党六〇周年の記念大会を開きました。私も党大会に出席して挨拶しています。結党時に示された自民党の立党宣言には、こういう文言があるんですよ。

〈政治は国民のもの、即ちその使命と任務は、内に民生を安定せしめ、公共の福祉を増進し、外に自主独立の権威を回復し、平和の諸条件を調整確立するにある。われらは、この使命と任務に鑑み、ここに民主政治の本義に立脚して、自由民主党を結成し、広く国民大衆とともにその責務を全うせんことを誓う(9)。〉

佐藤　公明党の立党精神は〈大衆とともに〉、それに対して自民党は〈国民大衆とともに〉という位置づけになっている。

山口　ええ。そのうえで自民党は、結党時に「党の性格」も打ち出しています。その中にはこういう文言があるのです。

〈一、わが党は、国民政党である

わが党は、特定の階級、階層のみの利益を代表し、国内分裂を招く階級政党ではなく、信義と同胞愛に立って、国民全般の利益と幸福のために奉仕し、国民大衆とともに民族の繁栄をもたらそうとする政党である。[9]〉

公明党の場合、自民党とは違って「国民」という言葉は使わず「大衆」一本です。先ほど申し上げたとおり、「国民」という言葉には日本で暮らす一部の人を排除する要素がありります。公明党が一緒になって戦うのは「国民」ではなく、あくまで「ともに暮らす大衆」である。

公明党の立党の精神には、「国民」よりもさらにユニバーサル（普遍的）な思想が根底にあるのです。日本の国土で暮らす人々にとっての共通の目標は、時代とともに変わっていく要素もあるわけですからね。

佐藤　そう思います。

山口　国際社会の中での日本の位置づけは、時代につれて変わってきます。だから一定の時代の価値観や目標を、あえて文章として規定しないことが重要なのです。また、立党の精神が「大衆の中に死んでいく」と結ばれているところは実に公明党らしいと私は思っています。

大衆とともに戦った結果、何を達成しようとしているのか。目標をあえて規定しない。最終ゴールに至れば戦いは終わりというわけではなく、永遠に戦いは続く。公明党にとって、「大衆とともに」の立党精神こそがまさに究極目標そのものなのです。

池田ＳＧＩ会長が展開する存在論的な哲学観

佐藤　創価学会と公明党には、存在論的な哲学観の根本が共通しています。私は池田ＳＧＩ会長が世界で行なった講演を一本ずつ読み解き、一冊の書籍として出版しました（『池田大作　大学講演」を読み解く　世界宗教の条件』潮出版社、二〇一五年）。

池田ＳＧＩ会長が展開する創価学会の思想は、固定化されたbeing（～である）ではなく、常に変動し続けるbecoming（Aという状態からBという状態になる。さらにBという状態からCという状態になる）という生成概念なのです。ドイツ語で言い換えれば、創価学会の存在論的な哲学観はSeinではなくWerdenである。

山口代表は先ほど、公明党は究極的な目標をあえて明文化していないとおっしゃいました。公明党にとっては「ここまでたどり着けばゴールだ」という目標があるわけではない。公明党は運動体として、そのときどきに即した目標を設定する。その目標に向かって進み、時代が変わればまた新たな目標に向かって取り組む。常に成長し、新たな価値を創り出す。「大衆とともに語り、大衆とともに戦い、大衆のために戦い、大衆の中に入りきって、大衆の中に死んでいっていただきたい」。池田SGI会長がかつて打ち出したこの言葉をいま読み返すと、公明党が永遠に発展し続ける可能性は、結党時にしてすでに大きく広がっていることがわかります。

「政治家・山口那津男」の初心の志

佐藤　山口代表は司法試験に受かり弁護士になりました。弁護士だけでも大きな仕事をたくさんできたはずですが、なぜ政治家になろうと思われたのでしょうか。

山口　きっかけは神崎武法《かんざきたけのり》さん(10)（元公明党代表）です。私は神崎さんを、政治家としてだけでなく法律家として尊敬しています。私が学生時代に法曹界《ほうそうかい》を目指したのも、神崎さんのような先輩の助言を得たからです。

佐藤　神崎さんと山口代表は同じ東京大学法学部の出身ですね。大学時代の先輩後輩という関係です。司法試験の勉強のやり方を含め、古くからいろいろとおつきあいがあった。

山口　ええ、神崎さんとは昔から接点がありました。法的なトラブルで悩み苦しむ人々を助ける役割ができれば、それは人間の生き方として素晴らしい。極めて優秀で尊敬すべき先輩でしたし、神崎さんの姿を見ながら「自分も法律家になろう」と思ったのです。神崎先輩は、一九八三年一二月の衆議院総選挙に出馬して国会議員になりました。

佐藤　山口代表は九〇年二月の衆議院総選挙で初当選するわけですが、出馬の誘いは神崎さんから受けた。

山口　ええ。神崎さんは私にこういうことをおっしゃいました。

「一九六四年に結党された公明党は、一定の歴史を経てこれから世代交代期に入っていく。党建設の草創期に苦労した諸先輩の良いところを引き継ぎながら、公明党は時代に即して違った味を出していきたい。法律家、外交官、ジャーナリスト、民間企業、実業の分野などで経験を積み、豊かな能力と資質をもった多様な人材を、公明党の新しい力として取り入れていきたいんだ。君も手伝ってくれないか」。

こう言って説得されたわけです。私は七九年に司法試験に合格し、司法修習生を経て八二年に弁護士になりました。弁護士の仕事をするなか、政治の重要性をひしひしと感じていたことも出馬を後押ししたわけです。

佐藤　司法試験に合格した人は、裁判官、検察官、弁護士と三種類の進路を選択できます。神崎さんの場合は、弁護士ではなく検察官の道を選びました。なぜ山口代表は裁判官や検察官ではなく、弁護士を選ばれたのでしょうか。

山口　私も能力が乏しいながら「検察官になろうか。裁判官になろうか」と考えた時期もあります。最終的に「弁護士として市井の市民のために役に立ちたい」と思いました。裁判官や検察官を務めてから辞職し、最終的に弁護士として生きる道もあります。あるいは最初から、弁護士として困っている市民の中に飛びこんでいく道もあるわけです。

私の場合、最初から弁護士として世の中のダイナミズムの中に飛びこみ、庶民と泣き笑いをともにしながら力をつけていこうと決めました。

「弱者の側に立つ」弁護士としての忘れえぬ仕事

佐藤　弁護士時代に手がけた事案の中で、最も印象に残っているのはどんな仕事ですか。

山口　印象に残っている事件を二つ挙げます。一つは中小企業の倒産事件です。裸一貫で企業を立ち上げ、立派に隆盛《りゅうせい》している経営者がいました。ところが資金繰りに行き詰まって借金を重ね、会社は倒産してしまいます。企業が倒産すると悲惨なもので、工場に債権者が押しかけて過酷《かこく》な取り立てが始まりました。

若手弁護士だった私は、夜明け前のまだ暗い時間に工場へ出かけたわけです。するとトラックに屈強な男たちがゴッソリ乗っており、いろいろな道具をもって押しかけてきました。そして工場にある機械や材料を「取り立て」と称してもっていこうとするのです。私は工場に寝泊まりしていた従業員と一緒に協力し、不当な取り立てを阻止しながら追い返しました。

佐藤　荒くれ者たちに囲まれて怒号《どごう》が飛び交うなかでしょうから、新人弁護士の仕事としてはかなりハードでしたね。

山口　追いはぎのようなメチャクチャな取り立てを阻止し、きちんと破産手続きを取ることになりました。ところがそこから世の中はバブル景気になり、工場の敷地の値段がどんどん値上がりするのです。土地はものすごく高い値段で売れ、経営者が抱えていた借金は全部返せました。さらにお釣りまで出たおかげで破産は取り消され、会社は息を吹き返したのです。

世の中の大きな動きのなかで、一人の人生も中小企業の運命も刻々と変わっていく。そのことを身をもって実感しました。弁護士自ら体を張って、従業員と中小企業を守る。そういう大事な仕事もあるのです。

佐藤　その人の会社はバブルのおかげで辛くも破産を免《まぬが》れたわけですが、その後バブルは崩壊します。再び倒産の危機に陥ったのではありませんか。

山口　バブル景気のさなかには、損する人は誰もいない状態でした。そうやって浮かれているうちに、日本経済は悲惨な危機に陥ったわけです。この企業の場合、バブル崩壊の悲劇は味わわずに済みました。歴史に名を残す大きな事例ではありませんが、私にとって忘れられない印象的な仕事です。

実刑で服役前の女性に実家で出産させてあげたい

山口　弁護士時代に手がけたもう一つの印象深い仕事は、覚醒剤事件です。覚醒剤使用は常習的だったため、実刑判決を受けざるをえない事件でした。この被告人の弁護は、国選弁護人として引き受けています。

佐藤　「被告人国選弁護制度」ですね。刑事事件で起訴された被告人は、国の補助で国選弁護人に無料で弁護してもらえます。いまのように、「被疑者国選弁護制度」(11)や「当番弁護士制度」がなかった時代ですね。

山口　ええ、国選弁護人として被告人に面会に行ったところ、その人は身重《みおも》の状態でした。

佐藤　妊娠中の女性だったのですか。

山口　寒い年末の時期で、もうすぐ臨月を迎えるといいます。このままだと子どもは正月に刑務所で生まざるをえません。そうなれば、将来生まれてくる子どもに「刑務所生まれ」という烙印《らくいん》が永遠について回ります。これはあまりにかわいそうだと考え、私は、実刑判決を受けた後、特別な申請を出して刑の執行停止を強くお願いしました。裁判所と検察官を必死で説得し、私が身元引受人になって女性を実家に連れて帰り、そこで赤ちゃんを生んでもらったのです。

佐藤　それは異例の措置《そち》でしたね。もし実家に帰っている間に逃亡したり、再び覚醒剤に手を染めるようなことがあれば、身元引受人である弁護士の責任問題になります。

山口　女性はそれから正月をはさんで一カ月ほど実家で過ごし、赤ちゃんとの愛情もしっかり確かめました。産後の疲れが落ち着いたところで「これから服役《ふくえき》してまいります。この子のためにしっかり立ち直るようにがんばります」と言って、彼女は服役していく。女性のお母さんが赤ん坊を預かり、母親代わりになって育てていきました。

どんな罪を犯した人であっても、一人の人間としての立場があり、その人なりの境遇《きょうぐう》があります。母親に罪はあっても、おなかの中の赤ん坊に罪はありません。ならば将来ある赤ん坊のために、たとえ「前例がない」と言われても人道的な措置を取れないものか。そこを説得していくのは弁護士の重要な仕事です。

もし弁護士が手を差し伸べてあげなければ、囚《とら》われの身である女性一人ではどう対応していいかわかりませんでした。

佐藤　とても意義のあるお仕事だったと思います。

弁護士としての能力を立法府の場で生かす

佐藤　山口代表の弁護士時代の体験談は初めて聞きました。いまうかがったお話は、これまであまり語られていないのではありませんか。

山口　そうかもしれませんね。出馬当初は、自己紹介としてこういうエピソードを語ったことはありますが。

弁護士時代、私は自分の仕事に限界があると感じたことがあります。法律を作るのは立法府（国会）で働く国会議員の仕事です。弁護士はあくまでもその法律を使う立場ですよね。国会議員にならない限り、弁護士が自ら法律を作ることはできないわけです。

佐藤　新しい法律を作ったり、すでにある法律を改正する仕事は、本来、立法府の専管《せんかん》事項です。

山口　時代が変化するにつれて、法律がだんだん用をなさなくなってくる。そうなったとしても、弁護士だけの力では法律を変えることができない。そこに私はもどかしさを感じました。

また、弁護士の仕事は基本的に一対一です。目の前にいる依頼者から依頼されて仕事を引き受け、その人のために一生懸命仕事をする。仕事がうまくいけば依頼人は喜んでくれるわけですが、全国津々浦々《つつうらうら》で似たような事案に悩み苦しむ人はほかに大勢いるわけです。広く大きな社会的な課題に対応するためには、一人の弁護士ではどうしても限界があります。もし国政の場で良い法律を作り、効果のある予算を組むことができれば、いっぺんに大勢の人のために役に立てるわけです。そういう働きができることは、政治の仕事の醍醐味《だいごみ》ではないでしょうか。

初めて「なっちゃん」とニックネームで呼ばれた公明党代表

佐藤　公明党を応援する創価学会婦人部の人たちは、いま、山口代表がおっしゃったお話の意味を皮膚感覚でよく理解しているのではないでしょうか。

私が自宅近くの四谷三丁目駅周辺を歩いていると、最近では打率三割から四割の割合で「ちょっとちょっと」とご婦人から声をかけられるんですよ。四谷三丁目駅は創価学会本部がある信濃町駅から近いですから、学会本部を訪れた創価学会の人が大勢歩いているのでしょう。あるご婦人には、「この前なっちゃんとラジオに出てたわね。聞いたわよ」と声をかけられました。

山口　以前ニッポン放送の「あさラジスペシャル」という番組で佐藤さんと対談しましたね。（二〇一五年六月八日放送。対談の内容は『90分でわかる日本の危機』扶桑社新書に収録）

佐藤　初めて「なっちゃん」と言われたとき、誰のことを指しているのかピンときませんでした。創価学会婦人部の皆さんは、山口代表のことを親しみをこめて「なっちゃん」と呼んでいるわけです。歴代の公明党代表の中でも、まるで仲の良い友だちのような感覚で呼ばれる人は初めてなんじゃないでしょうか。支持者とトップの距離が極めて近いことも、山口体制になってからの公明党の特徴だと思います。

創価学会員は選挙の応援ばかりやっているわけではありませんし、普段は地域でさまざまな創価学会の活動に取り組んでいるわけです。選挙がない時期であっても、婦人部の皆さんはテレビやラジオに山口代表が出ていれば、「あっ、なっちゃんだ」と身を乗り出されるのではないでしょうか。

山口　うれしい限りです。私は一九九〇年二月、衆議院議員に初当選しました。初出馬の準備を始めた八〇年代末といえば、公明党に限らず国会議員はベテランの男性ばかりだったものです。なかには風圧を感じさせる振る舞い、言葉遣い、態度の人もおり、国会にはいかめしい大先輩方も大勢いました。

そんななか、いきなり海の物とも山の物ともわからない若手新人が登場するわけです。当時の私は「いままでの国会議員とは違うカラーで自分らしく選挙を戦おう」と思いました。国会議員と聞くと「権威」「偉い人」「威圧感がある」「自分とは遠い存在」「口もきけない」と感じる人も多かったでしょう。私は逆の存在になろうと決めました。

そこである講演会で自分から「私は皆さんにとって『隣のなつおちゃん』です。私のことはこれから『なっちゃん』と呼んでくださいね」と申し上げました。

佐藤　なるほど。そのニックネームがどんどん広まっていったのですね。

山口　最初はまわりの人もぎこちなかったものです。支持者との「語る会」や講演会が終わったあと皆さんにご挨拶していると、遠慮がちに「山口さん、本当に『なっちゃん』って呼んでいいの……？」と尋ねてくる方もいました。「どうぞ、どうぞ。『なっちゃん』でいいんですよ」と申し上げて握手をするうちに、皆さん遠慮せず気軽に声をかけてくれるようになったのです。

佐藤　二〇一六年七月の参議院選挙から、いよいよ一八歳、一九歳の人たちにも選挙権が解禁されます。一八歳というと高校三年生も含まれるわけですが、山口代表のことを「なっちゃん」と呼ぶ一〇代の創価学会員もいるとうかがったことがあります。

山口　支持者のお母さまが普段から、そう呼んでくれているからでしょうか。若い人たちからも自然にそういう声が出てくるのは、私としても非常にうれしいことです。

佐藤　一〇代の若い人たちが身近に政治を感じていくのは、非常に良いことです。誰とは言いませんが、過去に公明党の代表を務めた方の中には「永田町の寝技師《ねわざし》」と自称する人もいました。そういう人が議員を引退したあとに内幕モノの手記を書くせいで、人々は「国会議員は表の顔とは別に、裏の顔ももっているのか。表の世界に生きる我々とは違った専門家集団なのだな」という嫌なイメージをもってしまったわけです。「なっちゃん」として親しまれる山口代表は、国会議員にまつわるマイナスイメージを脱《だつ》構築《こうちく》し、政治を身近なものに変えていきました。

小学校教師の母と気象庁職員の父から学んだ教え

佐藤　お会いするたびにいつも感じるのですが、山口代表のお話は非常に明快でわかりやすい。難しいテーマであっても、誰にでも理解できるよう平易に説明されます。もし弁護士ではなく大学の先生になっていれば成功したと思うのですが、東京大学法学部時代に先生から「大学に残れ」とは言われませんでしたか。

山口　いえいえ、司法試験に受かるだけで精一杯でした。とてもじゃありませんが、大学の先生は務まらなかったと思います。ただし、我が家には伝統的に教育者が多いのです。祖父と祖母も教師ですし、母親も学校の先生を務めていました。ですから、どこかで家族の影響は受けているのかもしれません。

佐藤　お母さまは何の科目を教えていらっしゃったんですか。

山口　小学校の先生なので何でも教えていました。

佐藤　国語や算数、理科に社会、体育から音楽まですべての科目を教えますから、子どもたちは小学校の先生から大きな影響を受けます。

山口　母は教師として特別な経験をしたことがあります。大きな病院の中にある院内学級を担当していたことがあるのです。そのクラスには白血病やネフローゼ症候群(12)など、難病にかかって長期入院している子どもがいました。そういう子どもたちが病院内にある小さな教室に毎朝集まってきて、一緒に勉強するわけです。

もちろん重い病気にかかっている子どもたちですから、普通学級の子と同じように水泳やドッジボールまでやるわけにはいきません。それでも、できる限りみんなと同じような教育を心がけるわけです。

子どもたちが朝起きてきて「××ちゃん元気？　おはよう！」と声をかけますよね。すると子どもの表情がパッと明るくなり、希望が生まれます。コミュニケーションを取り合うことが、子どもの命をつなぐために何よりの効果があるのです。

佐藤　難病と闘う子どもたち同士で明るく声をかけ合いながら、同じクラスで一緒に学んでいく。

山口　お互いの無事を確かめ合いながら「今日もがんばろうね」と声をかけ合う。すると、その子どもたちの姿を見た親まで元気になるわけです。もし院内学級に行かず子どもと母親の二人だけで過ごしていたら、いつどうなるかわからない不治の病を抱えているわけですから、子どもも親も打ちひしがれてしまいます。

なかには亡くなる子も出てくるわけです。教育を通じて、仲間とのふれあいを通じて、最期の瞬間まで命の一瞬の輝きを作ってあげる。家に帰ってくると、母はよく「今日はつらかった。昨日まではなんとか元気だったけど、今日は××ちゃんが亡くなってしまったんだよ」と話をしてくれたものです。「私もつらいけれど、こういう教育は大事だ。どんな難病に苦しむ子であっても、教師には教育を受けるチャンスを作る使命がある」と語っていました。

佐藤　前出のラジオ番組でご一緒したときは、山口代表のお父さまのお話をうかがいました。山口代表は、とても素晴らしいご両親のもとで育ってこられたのですね。

山口　ラジオでも申し上げましたが、私の父親は戦中世代です。戦時中には学徒出陣に取られ、危うく特攻隊として命を落とすところでした。戦後は気象庁に勤め、途中から地方自治体に移って気象技術の専門家として、ローカルな気象サービスや環境保全の仕事をしています。

父からはよく「バランス感覚が大事だよ」と言われました。「物事を見るときには、一方へ極端に振れず必ず反対側を見なさい。それから長い目で見ることも大事だよ。いまのことだけでなく、未来から物事を見る。バランス感覚をもって、自分の立ち位置をしっかり見ることが大事だよ」と教えられました。

佐藤　お父さまがおっしゃったお話は、本来の意味での「中道」ですね。中道主義(13)の考え方は、山口代表の現在の政策理念に色濃く反映されています。

漢字がほとんど読めない人とともに学んだ高校生時代

佐藤　山口代表のご両親が創価学会に入会されたのはいつごろですか。

山口　母親が一番先でして、一九五七年（昭和三二年）に創価学会に入会しました。

佐藤　池田ＳＧＩ会長が創価学会第三代会長に就任したのが六〇年（昭和三五年）ですから、まさに創価学会の草創期です。

山口　父親は公務員だったこともあり、入会には頑強に反対しました。だけど、晩年に大腸ガンを患《わずら》って大きな手術をしたことをきっかけに、自分から「オレも信心する」と言い出したのです。まるで柿が熟して木から落ちるように、時期が訪れるとすんなりと入会しました。

佐藤　山口代表ご自身は、お母さんと同じころに入会された。

山口　ええ。私が四歳のときだったでしょうか。自発的に学会活動をし始めたのは、高校生のときからです。当時は仲間と一緒に日蓮大聖人の「立正安国論」(14)を勉強していました。

佐藤　何か具体的なきっかけがあったのですか。

山口　近所に住んでいる創価学会高等部の先輩が訪ねてきて「山口君も会合に出てみないか」と言うのです。誘われるまま高等部の会合に出てみると、そこに集まっているメンバーは学校もバラバラ、所属しているクラブ活動もみんなバラバラです。そういう高校生が一堂に会しているところがおもしろいと思いました。

当時は、高校生だけで自主的に運営をしていまして、地域で集まって一緒に勉強したり、まだ触れ合ったことのないメンバーのもとを家庭訪問し、懇談する。私は高校卒業まで茨城県日立市で暮らしていたのですが、みんなで茨城から東京まで出かけて大きな会合に参加し、触発を受けることもありました。

境遇の違う同世代の高校生が、自発的、積極的に創価学会の活動に取り組む。お互いに自己啓発を受けながら成長していく。そのことにとても驚きました。

佐藤　「こんな先輩になりたいな」という立派な先輩もいたでしょうし、地元の高校に通っているだけではわからない刺激や触発があったはずです。

山口　大学受験重視の進学校に進んで勉強ばかりやっていたら、世の中の見方はだいぶ違っていたでしょうね。創価学会員だったおかげで、高校生時代からさまざまな人と出会い、語り合うことができたのは貴重な経験でした。

高校生のときにさまざまな年代の方と一緒に任用試験（仏法について学ぶ創価学会の初級教学試験）を受け、とてもびっくりしたものです。漢字がほとんど読めず、仏法用語の意味なんて全然わからない人が何人かいたのです。でも教える側は「それでいいんだ。みんなで任用試験を受けよう」と励まします。

「自分が知らないことを一つでもわかったら、それだけですごいことじゃないか。合格、不合格は関係ない。みんなで一緒に任用試験に参加しよう。昨日よりも今日、一つでも勉強になったという実感を得られれば、それで合格と一緒なんだ」と言って、漢字の読めない人を励ましながら、一緒に一つひとつ勉強していく。創価学会は、すべてのメンバーに素晴らしいチャンスを作っていると実感しました。

「学生は役に立たねえな」と鍛えてくれた人生の先輩

佐藤　創価学会が実践している任用試験という制度は非常にいいですよね。二〇一七年は、ルター(15)の宗教改革からちょうど五〇〇周年の節目です。宗教改革以前の時代は、キリスト教の教えは司祭しか教えることができませんでした。ルターはそれに異を唱え、「万人祭司説」を主張したわけです。

うんとわかりやすく言うと、ルターは「教会でみんなが神学（教学）試験を受けて勉強すればいいのだ」と主張した。勉強を通じて誰もが司祭と同じ基本知識を共有できれば、僧侶や司祭は必要ではなくなるわけです。

高校生でも任用試験を受けるために勉強しているくらいですから、創価学会員には知的なるものに対する畏敬の念が非常に強い。この点は公明党の政治家にも共通する特徴です。知的といっても、学校秀才型のエリートであればいいという意味では決してありません。

山口　おっしゃるとおりです。学歴や地位を笠に着て威張っているような人間は、公明党ではまったく通用しません。公明党の支持者の皆さんは、そのあたりは特に敏感なんですよ。私も高校生、大学生のころにはよく「学生は役に立たねえな」と大人から叱られました。

「地に足をつけて汗水を流して、庶民とともに生きる。庶民とともに息遣いをする。これが人間なんだ。頭でっかちで理屈ばかりで、上ばかり見ている学生は信仰も長持ちしねえぞ」。こうやって創価学会の先輩からも厳しく鍛えられたものです。

私が暮らしていた地域には、さまざまな職業に従事する大人たちがいました。なかには背中に入れ墨が入っている怖いおじさんもいました。そういう赤裸々《せきらら》な生き様を隠そうとしない人の言葉には重みがあるわけです。教科書で学んだ学生の浅い知識なんて通用しません。

佐藤　私も東京地検特捜部に逮捕され、五一二泊五一三日も小菅ヒルズ（東京拘置所）に勾留された経歴があります。犯罪歴がある人間としては、いまのお話には共感します。（笑）

山口　在日韓国・朝鮮人も含め、創価学会には実にさまざまな人がいます。そういう人たちが一堂に集まって座談会を開き、「今日は一つためになったな」「今日はこういうことを決意して明日からがんばろう」と語り合う。創価学会とは本当にすごい場だと思いました。

国政ではなく草の根の地方議会から歩み始めた公明党

佐藤　先ほど、山口代表のお母さまが創価学会に入会したのは一九五七年（昭和三二年）というお話がありました。創価学会が政治運動を始めたのは、お母さまが入会される数年前のことです。五四年（昭和二九年）一一月、創価学会は「文化部」という政治支援部門を設置しました。そして五五年（昭和三〇年）四月の統一地方選挙に初進出し、合計五三人が当選します。

五六年（昭和三一年）七月の参議院選挙では、大阪から出馬した元プロ野球選手の白木義一郎[16]氏が初当選しました。

山口　あのときは新聞に「まさかが実現」と書かれたものです。

佐藤　その後も全国で続々と議員が誕生し、六一年一一月二七日に公明政治連盟が結成されました。

山口　普通の政党は、まず国会に進出してだんだん地方議員を増やしていくものです。公明党は逆に地方議会から出発し、大衆が上げる切実な声を大事にしてきました。公明党は根本的に「既成の政治勢力の隙間を縫って自分たちの政治勢力を拡大しよう」というケチな戦術ではないのです。

どんな信仰をもっていようが、どんな労働組合に所属していようが、どんな企業にいようが関係ない。声なき声に耳を傾け、人々が求めているニーズをしっかりすくい上げ、政策として実現していく。公明党はどこまでも愚直《ぐちょく》なのです。

佐藤　地方議会に進出した当初、公明党はどのように仕事に取り組んでいったのですか。

山口　高度成長期には、公害との戦いもすさまじいものでした。たとえば東京の隅田川はドブ川のように汚れきり、不正な屎尿《しにょう》処理の温床《おんしょう》になっていたのです。鉱工業の盛んな町では工場が川に廃液を垂れ流し、有害な重金属や化学物質によって自然環境を破壊する。住民の健康を荒らす。

公明党の議員は自ら汚れた川の中に入っていき、丹念にジャブジャブ水を汲《く》みました。その汚染水を学者に化学分析してもらい、データに基づいて議会で追及し、公害と戦ったのです。他の政党がどこもやろうとしない仕事を、公明党は文字どおり泥とヘドロにまみれながら愚直にやってきました。

佐藤　その姿勢は、公明党が与党になってからも変わっていません。与党になって大きく変わった点を指摘するならば、公明党が現実に与える影響が格段に大きくなりました。それゆえに、与党にしかわからない苦しみもあります。平たい言葉で言うと、カッコいいことが言いづらくなった。与党が良いことをやっても「政治的パフォーマンスだ」「カッコつけじゃないか」と野党から文句を言われますからね。

人々にとってはカッコが良かろうが悪かろうが、現実に平和を守り、福祉を守り環境を守ってくれることが一番ありがたいわけです。

一番苦しむ鉄道労働者を見捨ててはならない

佐藤　私はＪＲ総連[17]（全日本鉄道労働組合総連合会）の人たちと御縁がありまして、親しくおつきあいしています。旧動労[18]（国鉄動力車労働組合）を母体にするＪＲ総連はすべての労働組合の中で最左派と言われているわけですが、じつは公明党支持者も少なからずいます。

ＪＲ総連の幹部の一人は全施労[19]（全国鉄道施設労働組合）出身なんですよ。かつて線路の保線を担当していた職員は、いまでは考えられないほど過酷な労務環境下にありました。当時の鉄道のお手洗いはタンク式ではなく、線路に放出されるままだったのです。

線路で働いているときに列車が走ってくると、大きな声で「全員退避！」と叫ばなければなりません。線路のすぐ脇にいたら、列車が投棄していく汚物が体にかかってしまいますからね。汚物がたくさん散らばる線路の上で保線し、ポイント（分岐器）のチェックをして安全を確保しなければなりませんでした。

山口　いまでこそそうした労務環境は改善されたわけですが、かつては線路で働く人は大変な思いをされていました。

佐藤　国労[20]（国鉄労働組合）全体としても全施労の人たちの気持ちが理解できない。そんななかで全施労の人たちが「この労働環境はあまりにひどすぎるから改善してほしい。列車のお手洗いは全部タンク式にしてくれ」と要求しました。そのときに全施労を支援してくれたのが公明党なのです。

　だからＪＲ総連に加盟している旧・全施労の人たちは、最左派の組合でありながら公明党を応援している人もいる。「公明党は、草の根のところで自分たちのために一生懸命働いてくれる」という事実をよく知っているからです。労働運動に戦闘的に取り組む人たちの中には、意外なところに公明党ファンがいるのです。

山口　イデオロギーだけで動いているわけではないのですね。公明党にとっては、思想信条や職業、立場の違いなど関係ありません。現場で困っている人がいれば、その人たちの側に立って仕事をする。これこそ「大衆とともに」の精神です。

佐藤　ちなみに、私がおつきあいのある組合の人たちは、よく「共産党とは絶対組みたくない」と言います。共産党がどういうところか彼らはよく知っていますからね。共産党は、ついこの前までＪＲ総連のことを「あいつらは過激派だ」と批判していたわけです。ところがあるとき党中央の方針がガラッと変わり、ＪＲ総連出身の議員とも友好的につきあおということになりました。

共産党の地方議員が突然ニコニコ挨拶にやって来て「これからは一緒に闘いましょう」なんて言うのだそうです。「昨日まで攻撃していた相手への方針が今日突然変わるということは、明日党の方針が変われば、彼らはあっという間に反対側に行くに決まっている。あいつらは何も考えていないぞ。共産党は信用できない組織だ」とその人は言っていました。

外務省を退職して「大衆とともに」戦う高瀬ひろみさん

佐藤　二〇一五年末、「佐藤さんにどうしても会ってほしい人がいる。外務省出身の公明党候補です」という連絡をもらいました。一六年夏の参議院選挙で、立候補を予定する高瀬ひろみさんです（著書『ＳＭＩＬＥ　スマイル　未来へ、福岡から。』鳳書院に佐藤氏との対談を収録）。
山口　一九八一年生まれの若い高瀬さんは、創価大学を卒業したあと外務省に入省しました。外務省ではアメリカのシアトルやワシントン、東ティモールなどで勤務しています。

日米首脳会談の担当を二度務めるほど優秀だったわけですが、二〇一五年に大きな決断をし、外務省を退職して公明党で公認を決定しました。

佐藤　元外務省職員である私から見ると、高瀬さんがいかに成績優秀かがよくわかります。ワシントンの日本大使館で働く職員も超エリートですが、東ティモールの日本大使館も外務省の成績優秀者が行くところなのです。

激しい紛争を経て、東ティモールは〇二年にインドネシアから独立しました。高瀬さんは「インドネシア語をしゃべる人とばかり話していると『東ティモールは独立しなかったほうがいいのではないか』という発想に陥《おちい》りがちなのです」と言っていました。旧宗主国側に寄りすぎることなく、東ティモールで生きる現場の人たちの意見にきちんと耳を傾けて仕事をする。そういう丁寧な仕事に彼女はすごく生きがいを感じていました。

高瀬さんのように若い人の中には、政治家として出馬するにあたって「どこの政党だろうが将来上に行ければいい」という打算的な人も大勢いるわけですよ。彼女の場合、外務省で働いていた時代から、立身出世や自分の損得なんてまったく重視していないわけです。創価大学卒業生であることをいつまでも誇りにし、自分がいまいる場所で最大限社会の役に立とうと努力する。

そういう誠実で真面目な人が議員を志《こころざ》すところが、他党にはない公明党の強さだと感じました。公明党は人材のプールの広さがまったく違うのです。

山口　ありがとうございます。高瀬さんは外務省でもっと働きたかったはずですが、泣きの涙で決意して政治家への道を引き受けてくれました。腹を決めてからは「政治家としてトコトンがんばろう」という気概《きがい》に燃えています。

「受けるよりは与える方が幸いである」

佐藤　他党とは違って、公明党から国会議員になる人には「オレを議員にしてくれ」というタイプはいませんよね。むしろ「自分は議員になんて向いていませんから」という謙虚な人が多い。根本の目線が、いわゆる典型的な国会議員とはまったく異なるのです。

山口　公募を見て「いっちょ政治家になってみようか」「AとBとC、どの政党に応募すれば出世への近道かな」と選ぶ。先々のことを見据《みす》えながら「議員になるのは自分のキャリアアップのための一里塚《いちりづか》だ」くらいにしか考えない。そんな姿勢はあまりにも浅薄で押しかけ的ですし、有権者からは必ず見抜かれます。

佐藤　新約聖書の「使徒言行録」20章35節では、パウロ(21)が「受けるよりは与える方が幸いである」というイエスの言葉を紹介しています。誰かから何かを与えられるのではなく、誰かに何かを与えることができる人間になれ。そのために一生懸命努力せよ、というわけです。

ペトロ(22)はもともと漁師だったわけですが、そこにイエスが近づいてきて「あなたは魚ではなく、人を取る漁師になりませんか」と言います。「人を取る」とは要するに「人を救う」という意味です。

公明党の人たちとお話ししていると、私は先の新約聖書の言葉を思い出すんですよ。山口代表であれば、東京大学に進学して難関の司法試験に受かり、弁護士になる。その特別な才能と知識を使って自身の栄誉栄達《えいよえいたつ》に走り、オカネ儲けをすることだってできたはずです。でも山口代表は、倒産の危機に苦しむ中小企業のオヤジさんを助けるために奔走《ほんそう》し、覚醒剤依存症の女性のおなかにいる赤ちゃんを心配する。

山口代表の生き方の根底には、幼いころから創価学会の裾野《すその》で学んだ人間主義の思想が息づいています。自分の力を他者のために生かしたい。どこまでいっても、自分は大衆とともに生きるのだ。こういう原点がある公明党の政治家は信用できるのです。

(1) **劣化ウラン弾**　核廃棄物を使った爆弾。劣化ウランは鉄や鉛よりも重く、対戦車砲として使われる。湾岸戦争やイラク戦争で使われ、兵士のみならず一般市民に被曝による健康被害をもたらした。

(2) **武器輸出三原則**　一九六七年に佐藤栄作内閣が策定。①共産圏諸国、②国連決議により武器輸出が禁止されている国、③国際紛争当事国、への武器輸出を禁止。これにより日本の武器輸出は事実上不可能になった。

(3) **対人地雷禁止条約**　対人地雷の使用、貯蔵、生産及び移譲の禁止並びに廃棄に関する条約。一九九七年に署名、九九年に発効。二〇一五年現在一六二カ国が批准。アメリカ、ロシア、中国は参加していない。

(4) **クラスター弾に関する条約**　「第二の地雷」と呼ばれる非人道的兵器の使用・開発・製造・移転を禁止。二〇〇八年に署名、一〇年に発効。一〇年現在三〇カ国が批准。アメリカ、ロシア、中国は参加していない。

(5) **日本版NSC（国家安全保障会議）**　二〇一三年一二月に安倍内閣が新設。総理・官房長官・外相・防衛相の四大臣会合のほか、副総理・総務相・財務相・経産相・国交相・国家公安委員長を加えた九大臣会合が開かれる。

(6) 公明党史編纂委員会『大衆とともに——公明党50年の歩み』（公明党機関紙委員会、二〇一四年、一〇頁）

(7) **政教分離の原則**　「国家は宗教に介入してはならない」とする憲法第二〇条の規定。一九九四年、自社さ連立政権の与党議員が「四月会」を結成し、「政教分離原則に反する」と創価学会・公明党を批判。

(8) **国民連合政府**　二〇一五年九月の平和安全法制成立を受け、日本共産党が提唱。「安保法制廃止」の一点で共産党を含む野党勢力が共闘し、安倍政権を打倒して政権交代を目指すという選挙協力構想。

(9) **自民党「立党宣言」「党の性格」** 自民党は一九五五年創立から一貫して「自主憲法制定」を党是に掲げる。「党の性格」として、集団安全保障体制のもと自衛軍備を整え、在日米軍を撤退させるとの安全保障政策も明記。

(10) **神崎武法** 一九四三年生まれ。弁護士。検事を経て衆議院議員（当選九回）。郵政大臣、新進党総務会長、新党平和代表を歴任。九八年から二〇〇六年まで公明党代表を務める。一〇年四月に議員引退。

(11) **被疑者国選弁護制度** 刑事事件により逮捕された被疑者・被告人は自費で弁護士を雇うこともできるが、日本弁護士連合会が派遣する「当番弁護士」に依頼して無料で弁護してもらうこともできる。

(12) **ネフローゼ症候群** 腎糸球体障害によって起こるタンパク尿、低タンパク血症、高脂血症、浮腫の総称。難病化すると、免疫抑制薬の薬物療法によって腎毒性や肝障害といった強い副作用をもたらす。

(13) **中道主義** 右寄りの保守主義でも左寄りのリベラル路線（自由主義）でもなく、左右いずれにも偏らない政治路線。公明党は「〈生命・生活・生存〉を最大に尊重する人間主義」を標榜する。

(14) **立正安国論** 一二六〇年、日蓮が鎌倉幕府の最高権力者・北条時頼に提出した書。正法ではなく誤った宗教を信奉することにより、天変地異や飢饉、疫病が蔓延して民衆が苦しむことを指摘。

(15) **マルチン・ルター** 一四八三〜一五四六。ドイツの宗教改革者。免罪符発行を批判する「九五カ条の意見書」を提出して教皇から破門される。ドイツ語訳の聖書を完成させ、ルター派教会を設立。

(16) **白木義一郎** 旧・東急フライヤーズのプロ野球選手（投手）。一九五六年に参議院選挙で初当選。創価学会支援による国会議員第一号となる。公明党副委員長を務め、八六年に引退。二〇〇四年に死去。

(17) **JR総連** 全日本鉄道労働組合総連合会。国鉄民営化とJR発足に際し、国鉄改革労働組合協議会を改組して一九八七年に発足。中国への小学校贈呈や緑化運動など、国内外の親善活動も進める。

(18) **動労** 国鉄動力車労働組合（一九五一年発足の国鉄機関車労働組合が前身）。国鉄の機関区労働者が結成。戦闘的な労働運動を激しく展開したため「鬼の動労」と呼ばれる。一九八七年に解散。

(19) **全施労** 全国鉄道施設労働組合（一九七一年発足）。国鉄の施設管理労働者を束ねる労働組合。国鉄民営化が決まった時点で七〇〇〇人の組合員がいたが、JR発足に際して一九八七年に解散を決定。

(20) **国労** 国鉄労働組合（一九四七年発足）。スト権奪還闘争といった労働運動のみならず日米安保闘争も展開。一時は二〇万人以上の組合員が加盟していた。二〇一一年に国鉄民営化反対闘争を終結。

(21) **パウロ** 紀元前一〇年頃～六五年頃。ローマ市民のユダヤ教徒。キリスト教を迫害するも、のちに回心して伝道師として人生を捧げる。新約聖書にはパウロの書簡が多数収録されている。

(22) **ペトロ** 生年不明～六七年頃。新約聖書に登場する人物。イエス・キリストの一二弟子の一人。元来はカペルナウムの漁師で、弟子たちの指導的役割を果たした。

第二章 ―― 公明党の「平和主義」の本質とは何か

集団的自衛権と平和安全法制をめぐる公明党の戦い

佐藤　二〇一五年九月一九日未明、参議院で平和安全法制[1]が成立しました。創価学会と価値観を共有する「平和の党」公明党ががんばらなければ、自衛隊を国外に派遣するハードルはもっと低くなっていたことでしょう。「集団的自衛権[2]の一部容認」といっても、日本政府が容認したのはじつは「個別的自衛権[3]と警察権の範囲内ですべて処理できる内容」でしかない。憲法上、個別的な自衛権でも説明できるものだけです。公明党は現実的に日本の平和を守ったのです。

山口　ありがとうございます。野党は「戦争法案反対」「次は徴兵制が始まる」と盛んに喧伝《けんでん》していましたが、日本が積極的に戦争に参加するような動きを、公明党が認めるわけがありません。

佐藤　一四年七月一日、自民党と公明党は集団的自衛権をめぐる閣議決定[4]に合意しました。あの議論を進めていたとき、公明党が連立与党から飛び出さなかったのは本当に立派だったと私は思います。

「公明党は平和の看板を下ろすのか」「連立政権から離脱するべきだ」と非難する人もいましたが、筋違いもいいところです。公明党が連立与党から飛び出してしまったら、ブレーキ役を失った自民党の動きを止められません。自分がいまいる場所でどうやって平和を実現していくのか。存在論的に平和主義が根づいている公明党が与党にいることによって、日本の平和は確実に維持されていく。このことは情報分析のプロから見れば明白です。

山口　おっしゃるとおりです。

佐藤　一四年七月一日になされた閣議決定については、翌七月二日付の『公明新聞』を読まなければ何が起きたのかよくわかりません。

〈安保法制懇の報告書に対し、公明党は、政府が長年取ってきた憲法解釈を基本に慎重な対応を求めてきた。これに対して首相は、議論の方向性を示すに当たり、政府の憲法解釈と論理的整合性を取ることが重要だとの考えを示した[5]〉

このあとが重要なポイントです。

〈個別的か集団的かを問わず自衛のための武力行使は禁じられていないという考え方や、国連の集団安全保障措置など国際法上合法的な措置に憲法上の制約は及ばないという考え方を採用しなかった。これは大きな意味があった[5]〉

『公明新聞』のこの記述を読んだとき、私は「ああ、これで日本が集団的自衛権をめぐって憲法の枠を飛び超えることはなくなった。日本が自ら戦争を引き起こしたり、日本を防衛する以外の局面で戦争に巻きこまれる心配はないな」と強く確信しました。

「七・一閣議決定」によって守った日本国憲法の平和主義

佐藤　二〇一四年七月一日の閣議決定に至るまで、どこが一番大変でしたか。

山口　「日本の安全保障を国際社会の枠組みに合わせるべきだ」という圧力です。個別的自衛権、集団的自衛権とは、あくまでも国際法の中で言われる概念ですよね。日本国憲法の範囲内でどこまで自衛権を行使することが許されるのか。憲法の枠を飛び出さないようにきっちり基本を決めておかなければ、国際社会からの圧力に日本が引きずられてしまいます。

国際社会が集団安全保障を行なうときに、日本国憲法に合う部分があれば共に行動してもよい。ただし憲法を逸脱《いつだつ》してまで、日本が国際的な流れに追随《ついずい》してはならない。閣議決定によって、そこをきっちり固めたことが大事です。

佐藤　あの閣議決定の精神はいまもまったく変わっていませんよね。

山口　変わっていません。

佐藤　重要な発言です。先ほどの『公明新聞』にはこういう記述もあります。

〈外国の防衛それ自体を目的とする、いわゆる集団的自衛権は、今後とも認めない。憲法上、許される自衛の措置は自国防衛のみに限られる。いわば個別的自衛権に匹敵するような事態にのみ発動されるとの憲法上の歯止めをかけ、憲法の規範性を確保した。[5]〉

　ここのところも、いまも変わっていませんよね。

山口　変わっていません。集団的自衛権とは、あくまでも国際法の中での考え方だと先ほど申し上げました。自分の国を守るための武力行使も、仲の良い他国を守るための武力行使も、国際法では両方認められています。でも日本国憲法では、あくまでも日本を守るために武力を使うことだけが許されているわけです。他国を守るための武力行使、集団的自衛権は認めていません。この点については、安倍総理もはっきり説明しています。

佐藤　自民党の一部には、ホルムズ海峡への掃海艇《そうかいてい》派遣[6]にやたらと固執《こしつ》する人がいます。オマーンの領海内であるあの国際航路帯に、どの国が機雷を敷設《ふせつ》するというのでしょう。「イスラム国」（ＩＳ）は海軍をもっていませんから、海に機雷は仕掛けられません。イランとアメリカは「イスラム国」対策では提携《ていけい》しつつありますし、イランとオマーンも良好な関係です。

要するに公明党は「海上自衛隊の掃海艇が紛争中に中東まで出ていくことなど現実的にはありえない」と言っているのであって、元外交官の私から見ると、この説明には非常に説得力があります。

山口　さすが佐藤さんですね。日本が他国で機雷を掃海しなければならない事態が起きるとは、現実にはほとんど考えられません。繰り返しになりますが、私たちは集団的自衛権が日本国憲法、国内法の枠組みから逸脱しないように、極めて厳格な政策判断をしているのです。

「戦争法案反対」「徴兵制が始まる」は現実とは正反対の空想

佐藤　平和安全法制が参議院で成立する直前の二〇一五年九月一四日、山口代表は国会で重要な論戦を展開しました。

〈山口　現実に湾岸諸国でイランなどが、ホルムズ海峡に機雷を敷設するような国際情勢が想定できるのか。

岸田文雄外相　政府としては、イランを含めた特定の国がホルムズ海峡に機雷を敷設するとは想定していない。[7]〉

さらに山口代表は、安倍総理にも迫ります。

〈**山口**　総理、自衛権を使ってこのペルシャ湾で掃海をするということは、今のイラン、中東情勢の分析からすれば、これ想定できるんでしょうか。

安倍総理　ホルムズ海峡における機雷掃海は（七・一閣議決定が定める武力行使のための）新三要件に該当する場合もあり得るものでありますが、今現在の国際情勢に照らせば、現実の問題として発生することを具体的に想定しているものではありません。[8]〉

安倍総理は集団的自衛権の論議をするにあたり、ホルムズ海峡のシーレーン（通航路）を守り、掃海艇を派遣して機雷を除去する例を挙げてきました。山口代表はそこにあえて踏みこみ、外務大臣と総理大臣から同時に言質《げんち》を取った。連立与党の代表がこのような国会質疑をするとは、極めて珍しいことです。平和安全法制整備に臨む公明党の本気度が、私にはよく理解できます。

山口　ところが野党とメディア、国会のまわりで反対デモをする人たちは、そこのところをきちんと理解してくれません。「戦争法案反対」「徴兵制が始まる」と現実離れしたことを言って誇大に騒ぎ、彼らは平和安全法制への的外れな危機感を煽ったのです。

佐藤　そういう動きは危険です。歪んだプリズムを通して、反対派は平和安全法制の一部分を歪曲《わいきょく》したうえでさらに肥大化して、あえて悪意に解釈しようとしています。

デモ行進に参加する反対派のおかしな主張

佐藤　二〇一四年七月一日の閣議決定の段階で、平和安全法制の基本的方向性について多くの人々が納得していました。ところが一五年になってから、マスメディアはかなりエキセントリックな報道を展開するようになります。創価学会員の一部にも、平和安全法制反対の記者会見を開いたり、国会前でデモ行進をやる人が現れました。

「自分は一人の創価学会員として平和安全法制に反対します」と言うのならわかります。しかし、この人たちは「集団的自衛権行使と平和安全法制は池田ＳＧＩ（創価学会インタナショナル）会長の考えに反している」と主張するわけですよね。そう主張する根拠はどこにあるのでしょうか。私には理解できません。デモ行進に参加するにあたり、創価学会のシンボルである三色旗をことさらに掲げて行進する人もいました。「私は反対します」と自分を主語にして意見表明するべきなのに、創価学会や池田SGI会長を主語にして公明党を攻撃する。宗教と政治の関係を理解できていない発想です。

山口　私は一九九〇年二月に衆議院議員に初当選しました。その直後の九一年一月に湾岸戦争[9]が起き、九二年六月にはPKO[10]（国連平和維持活動）協力法が成立しています。公明党がPKO法案に賛成すると、私たちは公明党の地方議員からも党員からも厳しい反対論を浴びました。あのときに比べれば、今回一部の支持者から出た反対論は大きな広がりにはなりませんでした。

国際社会と安全保障環境が変化するなか、日本が世界でどのように貢献していくべきか。大多数の公明党支持者は、集団的自衛権の限定容認と平和安全法制の必要性を理解してくれています。PKO法案当時の騒動に比べて、今回は総じて皆さん冷静でした。

佐藤　公明党や創価学会の対応も非常に良かったと思います。反対行動をする創価学会員には皆さんカチンときているのでしょうけれども、その人たちに統制処分を下すこともありませんでした。「公明党の支持者にはいろいろな意見があります」と受け止め、「しかし我々は、自分たちの信念に基づいて正しい政策を実現します」と堂々と宣言した。公明党も創価学会も、反対運動に対して大人の対応をしたと思います。

「政権与党のブレーキ役」としての公明党の役割

佐藤　「七・一閣議決定」は、日本の武力行使について次のように記します。

〈我が国による「武力の行使」が国際法を遵守して行われることは当然であるが、国際法上の根拠と憲法解釈は区別して理解する必要がある。憲法上許容される上記の「武力の行使」は、国際法上は、集団的自衛権が根拠となる場合がある。この「武力の行使」には、他国に対する武力攻撃が発生した場合を契機とするものが含まれるが、憲法上は、あくまでも我が国の存立を全うし、国民を守るため、すなわち、我が国を防衛するためのやむを得ない自衛の措置として初めて許容されるものである。(4)〉

山口　仮に日本が武力行使する局面が起きたとしても、それはあくまでも国際法に基づく。なおかつ、日本国憲法から絶対に逸脱することはない。自民党と公明党は、「七・一閣議決定」によって厳密《げんみつ》な縛りをかけたわけです。

佐藤　自民党の集団的自衛権推進派は、もっと縛りを緩くした閣議決定にしたかったはずです。公明党が慎重なブレーキ役を果たしてくれたので、フルスペックの集団的自衛権は行使できないに等しい状態になりました。

二〇一三年以降、中国は南シナ海の南沙《なんさ》諸島で埋め立てを始めています。中国は一五年六月に埋め立て作業の完了を宣言し、一五年一〇月にはクアルテロン（華陽）礁、ジョンソン南（赤瓜）礁に灯台が完成しました。もし日本に平和安全法制がなければ、NSC（国家安全保障会議）の政治判断で海上自衛隊のP‐3C哨戒機《しょうかいき》を南沙諸島に飛ばしていたのではないでしょうか。ところがそんな動きはまったくありません。

一五年一一月一三日には、フランスの首都パリで「イスラム国」による同時多発テロが起きました。一三〇名以上が死亡する大惨事は、世界を震撼させています。もし平和安全法制がなければ、「日本も『イスラム国』との戦いに参加するべきだ。米国が主導してシリアに多国籍軍を派遣するときには、日本も後方支援するべきではないか」という議論が出てきたと思います。

公明党は平和安全法制の整備を通じて、問題の掘り起こしを丹念《たんねん》にきちんとやりました。そして、海外に自衛隊を派兵するハードルをギリギリまで高く制限したわけです。その結果、武力行使につながる不用意な動きを日本は取れなくなりました。公明党が果たした役割は、すでに目に見える形で成果として現われているのです。

湾岸戦争の苦い経験からPKO参加へ転換した大きな決断

山口　創立から五〇年以上にわたる歴史の中、公明党は節目、節目で強い反論や疑問にさらされる場面がありました。先ほど話題にのぼりましたが、PKOへの自衛隊の参加を容認したときも、公明党は厳しい批判を浴びています。

佐藤　湾岸戦争当時、日本は自衛隊を海外派兵しませんでした。そのかわり、多国籍軍に九〇億ドル（約一兆一八〇〇億円）を供与しました。これに対して国際社会からは「金満日本はカネだけ出して終わりか」とすさまじい反発が起きました。

その教訓を踏まえてPKO協力法の議論が始まったわけですが、野党だった公明党の中には反対の意見がたくさんあったわけです。市川雄一(11)書記長（当時）が反対派の意見をとりまとめ、一九九二年六月にPKO協力法は成立しました。

山口　公明党の支持者の中には、「自衛隊を海外に派遣するとは戦争参加への第一歩だ」と強いアレルギー反応を示す人がいました。他方で「いつまでも一国平和主義ではいけない。国際情勢の変化に対応し、日本は現実的な国際貢献によって平和な世界構築に協力するべきだ」という問題意識の高い人もいたわけです。

与党の政策にいたずらに反対するのではなく、野党であっても一定の責任を担っていく。与党になってからは、より責任感をもって現実的な平和を作るために積極的に努力していく。これが「平和の党」公明党です。

佐藤　よくわかります。PKO法案について議論していた当時は、かなり素朴な受け止め方で「自衛隊が外国に行くことは海外派兵ではないか」と感情的に反発し、自衛隊と旧日本軍の連続性を懸念する声が多かったのではないでしょうか。公明党の成長に伴い、支持者の皆さんも冷静な議論ができるよう成熟してきたのだと思います。

公明党の根底に流れる「存在論的平和主義」

山口　公明党は結党当初から、すべてのイデオロギーを超越《ちょうえつ》した平和を追求してきました。人間の生命だけが一番尊いわけでもありませんし、人間以外の動物や地球環境を犠牲にし続けることは許されません。そういう生命観が根底にあるから、公明党は結党以来ずっと

「平和」「福祉」「環境」を重視してきたのです。

佐藤　いまで言う「エコロジー」という考え方を、公明党はいち早く先取りしていたわけですよね。

山口　だから強い。永続性がある。公明党には揺るぎない確かな信念があるのです。

佐藤　公明党の根底には、存在論的な平和主義が脈打っています。大衆を戦争の現場に行かせない。殺さないし、誰かから殺されもしない。現実に平和を担保していこうという公明党の姿勢に、私は感銘《かんめい》を受けるのです。

平和安全法制が成立した直後、私は『公明新聞』(二〇一五年九月二五日付)のインタビューに答えてこう申し上げました。

〈私が理解する限り、公明党は、存在論的平和主義だ。つまり、公明党は、平和を創るために生まれ、平和を守るために活動し続ける存在だ。公明党は、現実の政治の場で、しっかりとその責務を果たしている。今後もしっかりと公明党を支持していくことが、そのまま現実の平和を維持することにつながる。

民主党は表面上、集団的自衛権に激しく反対しているが、本心では大半の人が集団的自衛権に賛成だ。反対は政局的な観点からだ。公明党は、その人間主義と平和主義の価値観に基づいて、日本国憲法で認められる個別的自衛権の範囲を超えた、いわゆるフルスペックの集団的自衛権に反対している。だから公明党は信頼できる。[12]〉

日本国憲法が定める個別的自衛権の範囲を超え、集団的自衛権を行使することは認めない。この根本を押さえた点において、公明党は大勝利しました。フルスペックの集団的自衛権を望む人々にとってみれば、今回採択された平和安全法制は「欠損品」でしょう。これこそ本当の責任政党の働きです。

「平和の党・公明党」の原点

山口　公明党が結党した一九六四年（昭和三九年）当時は、どの政党にも強いイデオロギーがありました。結党当初から「自主憲法制定」をスローガンに掲げていた自民党は保守政党、日本社会党には左翼政党特有の強いイデオロギー色があったわけです。

社会党による平和の主張は、東西冷戦構造下の中でだいぶ偏《かたよ》りがありました。イデオロギーまみれの「平和」を主張されても、どこかウサンくささが漂《ただよ》ってしまうわけです。中道政党である公明党は、右派にも左派にも与しない人間主義と平和主義を訴えてきました。

佐藤　東西冷戦下のソビエト連邦は「平和攻勢」という言い方をしていたものです。東側諸国を束ねるソ連は、西側諸国に対抗し、自分たちの影響力を行使するために「平和」を一つの武器にしていました。ソ連は「世界平和委員会」なんてものも作ったわけですが、「平和」という名前を冠しているだけであって、実際に平和に貢献できるかどうかは別問題だったわけです。

山口　当時の東側陣営は、西側陣営の勢力を牽制、抑制しようとしていました。ソ連の影響下にある日本の左派政党は、当然東側のイデオロギーに基づいて東側寄りの「平和」を主張するわけです。

佐藤　九一年一二月のソ連崩壊の際に、私はモスクワの日本大使館で勤務していました。ソ連崩壊後にソ連共産党中央委員会の秘密文書が公開され、私はそのうち日本がらみの文書のほとんどを入手しました。この秘密文書には興味深いことがたくさん書いてあるのです。

日本共産党は現在は隠していますが、この党はもともと一九一九年に創設されたソ連のコミンテルン（国際共産党）日本支部としてスタートしています（一九二二年に創立された日本共産党はコミンテルンの日本支部でもある）。六〇年代初めまで、日本共産党はソ連共産党から露骨な支援を受けていました。

八〇年代の『赤旗』（共産党の機関紙）モスクワ支局には、『赤旗』の特派員という肩書で、日本共産党国際部から派遣された職員も常駐しています。彼らはそこで世界革命の調整役を担っていました。ソ連は一国社会主義に完全に転換したのではなく、九一年八月のソ連共産党守旧派によるクーデターが失敗するまでソ連流の世界革命の路線を放棄《ほうき》していなかったのです。

山口　なるほど。ソ連の秘密文書には、共産党以外の日本の政党についても書かれているのですか。

佐藤　ソ連は貿易操作を通じて、日本社会党にカネを流していました。こういう実態が書かれた秘密文書が、ソ連崩壊後にゴッソリ出てきたのです。ソ連共産党の幹部と話していると、彼らが一番バカにしていた日本の政治家は社会党左派でした。なぜかというと、理論的には自分たちにすり寄ってくるのですが、カネをたかってくるからです。

ソ連共産党がもっとも評価していた日本の政党・公明党

佐藤　日本共産党について、ソ連共産党は怪訝《けげん》な顔で見ていました。なぜか。「我々ソ連共産党も信じなくなっている共産主義を、彼らはどうも本気で信じているらしい。これは尋常ではない」。ちなみにロシアのプーチン大統領は、かつて東ドイツについて同様のことを言っていました。「東ドイツに行ったときにびっくりした。我々が信用していないような価値観を、この人たちは本気で信じて実現しようとしている」。

山口　公明党についてのソ連の評価はどうでしたか。

佐藤　ソ連共産党が一番尊敬していたのは公明党です。「日本の政党の中で我々が一番大事にしなければいけないのは公明党だ」とソ連共産党の国際部の幹部がはっきり言っていました。「公明党は社会党と違ってソ連にカネをせびらない。それどころではない。公明党の支援団体である創価学会は文化協力を通じてソ連のために支出することをおしまない。草の根から日ソ関係を改善しようと本気で考えている。こんな資本主義国の団体は見たことがない。この人たちが大事にしている価値観は、我々ソ連共産党にとっても信用できるのだ」。

山口　それはたいへん率直な評価です。

佐藤　ソ連崩壊前年の九〇年一月、安倍晋太郎[13]さん（安倍総理の父）を団長とする自民党の交流団がソ連を訪問しました。安倍晋太郎さんが日ソ関係を抜本的に改善する「安倍八項目提案」をゴルバチョフソ連大統領に対して行ない、そこから、日ソの関係は確かなものへと進展していきました。こうした交流が始まるはるか前から、創価学会と公明党は日ソ関係の改善に大きな役割を果たしています。

日中友好に果たしてきた公明党の大きな役割はけっこうあちこちで語られていますが、日ソ関係における公明党の役割はあまり知られていません。一九八八年から九五年まで旧ソ連とロシアで外交官をやっていた私から見ると、ソ連・ロシアと日本の外交に公明党が及ぼした役割は極めて大きいのです。

池田SGI会長の傑出した日中外交、日ソ外交

佐藤　一九六八年九月八日、池田大作会長（当時）は創価学会学生部総会で日中国交正常化提言(14)を発表しました。創価学会はそこから巧みな民間外交を展開し、日中友好のために尽力しています。

山口　野党時代の公明党も日中友好のために働き、七二年九月二九日にとうとう日中国交正常化が実現します。

佐藤　重要なのは、池田会長が日中国交正常化提言を発表した時期です。六八年春、チェコでは「プラハの春」[15]と呼ばれる民主化運動が激化しました。これを抑えつけるため、ソ連軍を中心とするワルシャワ条約五カ国軍がチェコに侵攻します。チェコ侵攻の六八年八月二〇日は、日中国交正常化提言の直前でした。

「プラハの春」の翌六九年三月には、中国とソ連の国境に位置するダマンスキー島（珍宝島）で、中ソの軍事対立が生じます。「プラハの春」以降、ソ連の体質は本格的な軍事介入も辞さない好戦的な姿勢へと変化していきました。中ソ問題を放っておけば、いずれ大変な軍事衝突が起きかねない。池田会長はこのあたりを鋭く洞察しているのです。

七四年九月、池田会長はソ連を訪問してコスイギン[16]首相と会見しました。会長は「ソ連は中国を攻めるつもりはあるのですか」と直球の質問を投げかけ、コスイギン首相は「中国を攻めるつもりも孤立化させるつもりもありません」と答えています。七四年一二月に中国を訪れた池田会長は、コスイギン首相の言葉をそのまま中国に伝えました。

ブレジネフ[17]書記長の政権下であえてコスイギン首相に目をつけたのは、池田会長の天才的な洞察力の賜物《たまもの》です。あえてコスイギン首相と会見したのは、池田会長の慧眼《けいがん》としか言いようがありません。

コスイギンとブレジネフの間には、大きな考え方の違いがありました。ブレジネフは戦争を容認する可能性があるが、改革派であるコスイギンは中国との戦争は望んでいない。そこをきちんと洞察したうえで、コスイギンから「中国は攻めない」という確かな言質を取り、それを中国側にストレートに伝えたわけです。

中ソの戦争を阻止する過程において、創価学会——特に池田会長が果たした役割は極めて大きい。このことは、世界史の中で今後詳しく検証されていくでしょう。また創価大学は七五年、日本としては初の国費留学生を中国から受け入れました。

山口　公明党とも深い交流がある程永華《ていえいか》駐日大使は、創価大学への国費留学生第一号の一人です。

佐藤　創価大学は、中国から若い人材を受け入れる裾野を早い時期から作っています。こうした民間外交の積み重ねが、国家間の外交に与える影響はとても大きいのです。

山口　ええ、そこは佐藤さんのおっしゃるとおりです。

佐藤　旧ソ連とロシアについても、創価学会は冷戦時代から一貫して太いパイプを築いてきました。たとえ国家間の外交関係が一時的に冷えこんだとしても、平和的な民間外交は根っこのところで大きな信頼を担保するのです。

朴槿恵大統領、習近平国家主席と対話のチャンネルを開いた山口代表

佐藤　山口代表は、このところ日中外交、日韓外交の先頭に立って活躍されていますね。

山口　ありがとうございます。二〇一五年九月一九日に平和安全法制が成立すると、その直後に私は韓国と中国を相次いで訪問しました。

一〇月八日には、ソウルの大統領府（青瓦台）で朴槿恵《パククネ》大統領と会談しています。安倍総理の親書を手渡すと、朴槿恵大統領は「日中韓首脳会談を実現したい。安倍総理とソウルで会うことを楽しみにしています」と柔らかい笑顔で語ってくれました。

一〇月一五日には、北京の人民大会堂で習近平《しゅうきんぺい》国家主席とお会いしています。一一月には、トルコでG20サミット（主要二〇カ国・地域首脳会議）、フィリピンでAPEC（アジア太平洋経済協力）首脳会議が相次いで開かれることを踏まえ、安倍総理からの親書を手渡して「これらの機会に習主席にお会いできることを安倍首相も望んでいます」と申し上げ、さらに一歩踏み込んで「東京の桜をぜひ主席にご覧いただきたい」と一六年春の訪日を提案申し上げると、習近平国家主席はニッコリとほほ笑んでうなずいてくださいました。べ

ストシーズンの訪日を提案することで歓迎の意をお伝えしたかったのです。

佐藤　日中韓首脳会談は、民主党政権時代の一二年五月に開かれてから三年半も中断していました。一三年二月に当選した朴槿恵大統領は、安倍総理との日韓首脳会談を二年半以上も開いていなかったわけです。日中関係、日韓関係が冷えこむなか、山口代表は重要な役割を果たされました。

山口　公明党ならではの平和外交によって、日韓関係、日中関係をなんとか改善していきたい。日中韓の関係改善へのきっかけを切り拓き、政治的対話を復活させよう。いまこそ公明党にしか果たせない使命がある。そうした強い思いをもちながら、韓国と中国を訪問しました。

そして一五年一一月一日、ソウルで安倍総理、中国の李克強《りこくきょう》総理、韓国の朴槿恵大統領による日中韓首脳会談が三年半ぶりに実現したのです。日中韓の首脳が直接会って語り合うための環境整備の役割を、公明党として果たすことができました。

習近平国家主席と計五回会談した日本で唯一の政治家

佐藤　習近平国家主席と会談できる政治家は、日本にもそう多くはいません。山口代表はこれまで習近平さんに何回お会いしているのですか。

山口　合計五回です。二〇〇七年一〇月、習近平さんは中国共産党の中央政治局常務委員に就任しました。その直後の〇七年一一月二二日、与党訪中団の一員としてお会いしたのが最初です。〇八年三月、習近平さんは国家副主席に就任しました。国家副主席としての日本訪問時にも、東京でお会いしています。（〇九年一二月一五日）

佐藤　〇九年一二月というと、当時は民主党政権下でした。

山口　そうでしたね。さらに一〇年一二月一五日にも、中国で習近平副主席とお会いしました。与党であろうが野党であろうが、日中関係を継続して交流を絶やさない。ベテラン議員がパイプを作るだけでなく、若い議員もしっかり日中交流を継続していく。これが公明党の姿勢です。民主党政権時代、日中関係は悪化の一途をたどりました。

佐藤　一二年九月九日、ＡＰＥＣに参加した胡錦濤《こきんとう》国家主席と野田佳彦《よしひこ》総理は、非公式会談ながら一五分間立ち話をしました。ところがその二日後の九月一一日、野田総理は尖閣《せんかく》諸島の国有化を宣言するわけです。中国では反日デモが激化し、日本企業の工場やお店への焼き討ち、破壊行為がなされました。

山口　一二年というと、一九七二年九月二九日の日中国交正常化から四〇周年の節目です。

お祝いの記念行事はたくさん予定されていたわけですが、尖閣諸島国有化を受けて軒並みキャンセルされるという状況が続きました。そういう最悪の状況下、二〇一二年一二月に政権交代が起きて自公政権が再び誕生したのです。かといって、安倍政権が日中の「戦略的互恵《ごけい》関係」をすぐに取り戻せるわけではありません。

佐藤　〇六年一〇月、第一次政権時代の安倍総理と胡錦濤国家主席は、日中首脳会談で「戦略的互恵関係」を提唱しました。これを受けて〇八年五月、福田康夫総理と胡錦濤国家主席は「『戦略的互恵関係』の包括的推進に関する日中共同声明」を結んでいます。

山口　政権交代を果たした当時、安倍総理に対して「歴史修正主義者ではないか」「靖國神社への公式参拝をやりかねない」という懸念が中国ではつきまとっていました。中国は日中関係改善にかなり慎重だったわけです。せっかく政権交代を果たして自公両党が与党になったのに、日中関係に政治的空白を作るわけにはいきません。

「いまを逃してはいけません」と安倍総理に強くお話をし、総理親書をお預かりしました。そして政権交代直後の一三年一月二五日、私が訪中して中国共産党の総書記になった習近平副主席とお会いするわけです。日中関係は最悪の状況でしたが、習近平総書記のほうからにこやかに「これで山口代表とお会いするのは四回目になりますね」と切り出してくださいました。

佐藤　文化大革命の負の遺産が残っている時代に、創価学会と公明党は日中国交正常化へ向け、両国の関係を切り拓く方向性を示しました。かつて日中国交正常化提言を発表した池田SGI会長に対する変わらぬ敬意が、習近平さんの中にはきっとあるのでしょう。

山口　ところが習近平さんと私が四回目にお会いした直後、残念な事件が起きてしまいます。一三年一月三〇日、中国海軍の船が海上自衛隊の護衛艦に、ミサイル発射の照準を合わせるレーダーを照射《しょうしゃ》しました。対話のきっかけを作り、これから徐々に日中関係を回復していこうという矢先に、再び日中関係が冷えこんでしまったわけです。

　さらに一三年一二月二六日、安倍総理が靖國神社へ参拝しました。ここで日中関係はさらにかたくなになってしまいます。そんななかでも、公明党が「若手の訪中団を出したい」と打診すれば中国側は「どうぞいらっしゃってください」と受け入れてくれました。

佐藤　そして一五年一〇月、国家主席になった習近平さんとの五回目の出会いが実現したわけですね。日本の政治家のうち、習近平さんに五回も会ったことがある政治家は山口代表しかいないんじゃありませんか。

山口　おそらくそうだと思います。

佐藤　中国共産党のトップ中のトップである習近平さんと山口代表とのチャンネルは、昨日今日できたものではありません。何年にもわたり、大きな蓄積があるわけです。このチャンネルは、今後の日中関係において重要な役割を果たすことでしょう。

「政治的野心」を超克した大局観と中道外交

佐藤　日中友好を重視する政治家は、日本では「媚中《びちゅう》派」と呼ばれて攻撃されます。一部の人たちから「媚中派」と文句を言われようが、そんなものは知ったことではない。外交のリアリズムからすれば、結果として日中関係がスムーズにいったほうが国益にかなうわけです。

山口　そういうことです。

佐藤　右からは「媚中派」呼ばわりされ、左からは「戦争法案反対」と攻撃される。ここが積極的中道主義の大変さです。公明党が掲げる中道主義は、一と一を足して二で割るという発想ではありません。だから必ずどこかに敵を作ってしまうわけです。

山口　右の立場にせよ左の立場にせよ、イデオロギーを強くもっている人は、どうしても感情的な批判をしてしまいますからね。

佐藤　「なんで公明党だけがこんなに中国から優遇されるのか」という嫉妬《しっと》もあるのでしょう。男性の政治家のヤキモチは、特に権力と結びつきます。これは私の推測ですが、同じ与党内でも、山口代表にヤキモチを焼いている政治家がいるのではないでしょうか。連立与党のパートナーだから露骨に皮肉を言うわけにもいきませんし、間接的に変なところからヤキモチの声が聞こえてくる。男のヤキモチは外交のジャマでしかありません。

山口　私たちはあくまでも謙虚に徹し、国益を守るため、そして国際社会のために行動しなければいけません。公明党の政治家に野心なんて透けて見えるようであれば、中国の人たちから信用されなくなってしまうわけです。

佐藤　公明党の皆さんの中には平和主義、人間主義が流れていますから、価値観不在の政治家と違って小さな野心なんかにはとらわれないと思います。

山口　中国とも韓国とも継続的に交流し、率直にお話しできる。基本的な信頼関係がある。今の日本の政治勢力の中で、こういう政党は公明党しかありません。政府と政府の関係は、そのときどきの利害や国際状況によって変わることもあります。お互いがぶつかることもありますし、山や谷があるわけです。

たとえ日中関係、日韓関係が厳しい局面であっても、国と国を結ぶつなぎ目の役を公明党は果たさなければなりません。「公明党は中国に媚《こ》びる媚中派だ」と非難されたところで、我々の信念は揺るがないわけです。

そもそも私たちは中国に媚びているわけではありません。公明党と中国は本当の友人ですから、ときには厳しいことも率直に申し上げるわけです。そうすれば「まさか公明党の山口さんからそう言われるとは思わなかった」と驚かれますが、より真剣に話に耳を傾けてくれるわけです。現にそうなっています。

日韓友好の橋渡しをする一五〇万人の韓国SGIメンバー

佐藤　東アジアの平和を維持するにあたって、私はＳＧＩの役割が非常に大きいと思っています。

山口　それは私も如実に感じます。

佐藤　韓国にはおよそ一五〇万人(18)のＳＧＩメンバーがいます。彼らは韓国を愛するまことの韓国人ですから、独島(竹島)について「独島は韓国のものだ」と考えていると思います。それに対して日本の創価学会メンバーの多くは、「竹島は日本領だ」と思っているはずです。

領土問題についても歴史認識問題についても、日本の創価学会と韓国ＳＧＩの考え方は異なると思います。だからといって、両者がつかみ合いのケンカをすることはないでしょう。

一九九八年五月、ソウルを訪問した池田ＳＧＩ会長夫妻は、韓国のＳＧＩメンバーから贈られたパジ・チョゴリ（男性用の韓国の礼服）とチマ・チョゴリ（女性用の韓国の礼服）を着て『聖教新聞』[19]に写真を載せました。この一枚の写真は、日韓相互の和解に計り知れない役割を果たしています。

この写真の記憶は韓国のＳＧＩメンバーにはあるはずです。領土問題や歴史認識問題が日韓の間にあったとしても、「池田先生は我々のために韓服を着てくださった。その池田先生を悲しませるようなことはしたくない」「日本の創価学会メンバーを悲しませるようなこともしたくない」という思いから、彼らが日本にナショナリズムをまっこうからぶつけることはないのではないかと思います。

韓国ＳＧＩメンバーのそういった思いは、ナショナリズムを超越し、友好的な日韓関係に寄与します。このような平和的なＳＧＩメンバーが一五〇万人もいることは、日韓外交にも大きな影響を与えます。

台湾ＳＧＩのメンバーは「釣魚台（尖閣諸島）は私たちの領土だ。それを日本が奪っていった」と思っているわけですよね。それに対して日本の創価学会メンバーも「尖閣諸島は日本の領土だ」と思っていてもおかしくありません。しかし、台湾ＳＧＩと日本の創価学会が対立することはないわけです。領土問題をめぐって国民同士がぶつかったり、民族主義イデオロギーをむき出しにしたところで、平和にはまったく貢献しません。

山口　まったくそのとおりです。

尖閣諸島問題を「棚上げ」にした周恩来総理の英断

佐藤　創価学会と公明党は偏狭《へんきょう》なナショナリズムにとらわれません。それだから、竹島や尖閣諸島をめぐって感情的に韓国や中国と対立することはありません。ナショナリズムを超克し、ＷＩＮ－ＷＩＮゲーム（双方が利益を得る仕組み）を組み立てられる。これが公明党ならではの強みです。

「尖閣諸島をめぐる領有権問題は存在しない」。平たく言えば、「領土問題は存在しない」。これが日本政府の立場です。それに対して北京の中国政府には別の主張があります。尖閣諸島が台湾省の一部であることを中国政府も認めています。尖閣諸島問題を平和的に解決するためには、日中両国の地方政府関係者、すなわち台湾や香港、さらに福建省や沖縄県の代表者が一堂に集まり、海上事故の防止や漁業資源の使用について地域間交渉をすることは可能なはずです。

山口　ローカル・アグリーメント[20]（地域協定）にしてしまう方法ですか？

佐藤　そう。ローカル・アグリーメントを結んだところで、領土の帰属問題には何ら影響はありません。日本政府としては「我が国には領土問題はまったく存在しない」と言い続ければいいわけです。

　過去の先例を見ると、貝殻《かいがら》島（歯舞《はぼまい》群島の一部）昆布協定[21]、北方四島周辺での安全操業協定[22]という難しい交渉が成功しました。貝殻島では大日本水産会、北海道水産会、ソ連漁業省がコンセッション（独占営業権）を結ぶことで落としどころをつけています。「本件は領土問題とは何ら関係ない。これは民間協定である」という形にしたわけです。これに対して、北方四島周辺の安全操業協定は政府間協定です。

　中国や台湾としても、尖閣諸島で無益な紛争など起こしたくありません。ならば智恵を働かせて、貝殻島で実現したようなコンセッションによって紛争を防ぐことは可能です。

山口　田中角栄[23]総理と周恩来[24]総理が、日中国交正常化の交渉を進めていたときのメモが外務省に残っていています。田中総理が「尖閣諸島についてどう思うか」と尋ねると、周恩来総理は「尖閣諸島問題については、今、これを話すのはよくない」と言うわけですよね（一九七二年九月二七日の日中首脳会談メモ）[25]。ここで深入りせず、事実上棚上げにしてしまうわけです。

尖閣諸島について話し始めれば、日本も中国も互いに譲らずケンカ別れになってしまいかねない。日中国交正常化という大目的を実現するためには、尖閣諸島の領有権にいまこだわるべきではない。性急に決着をつけるのではなく、中国側としては領土問題は当面「棚上げ」としよう——。これは周恩来総理の大変な英断でした。

「人間の安全保障」と公明党の存在論的平和主義

山口　二〇世紀を通じて、世界は軍事力や経済力によって安全保障を構築してきました。二一世紀に入ってから、「人間の安全保障」という概念が注目を集めています。貧困や差別、人権抑圧といった社会問題を中長期的に解決しない限り、テロリズムの問題は解決できません。

先進国が自分たちの利益だけに関心を払うのではなく、人道支援や開発支援によって途上国の貧困や差別、人権問題を解決していく。感染症対策や環境保護など、平和的アプローチで国際協力に努める。国家対国家の対立を乗り越え、軍事力や経済力に頼らない「人間の安全保障」を国際社会のルールの根本に据《す》えるべきだと公明党は強く訴えてきました。

二〇一五年九月に国連のサミットで採択された「持続可能な開発のための2030アジェンダ」にも「人間の安全保障」の理念が盛りこまれています。この理念を、これから世界の潮流として根づかせていかなければなりません。

佐藤　公明党の行動は、存在論的平和主義に根ざしていると私は常々感じるんですよ。公明党は日本社会、そして世界に平和を創るために誕生しました。結党から五〇年以上が過ぎたいまも、公明党は現実の政治において「平和の党」としての責務を果たしています。「人間の安全保障」にしても「テロとの戦い」にしてもそうです。公明党は「日本は完全非武装を目指す」「『イスラム国』のテロリストとも対話するのだ」という非現実的な提案はしません。

テロを引き起こすごく一部のイスラム教徒が、どういうモノの考え方をしているのか。異なる立場の人たちの内在的論理をとらえたうえで、現実としてどうやって日本の安全保障を担保し、テロと戦っていくかを考えるわけです。

山口　我々はよく「現場主義」と言いますが、立場の違う人たちの意見を知ろうと現場に飛びこんで努力します。中東においても、公明党の多くの国会議員が実際に現地を訪ねて対話と視察を重ねてきました。

佐藤　顔に出来物ができたとして、市販薬を塗ったら一度は引っこんだ。でもまた吹き出物が出てきたので、今度は皮膚科に行ってステロイドを処方してもらった。とりあえずは引っこんだが、また吹き出物が出てくる。「どうしたらいいのだろう」と思いながら人間ドックを受けてみたら、実は肝臓が極度に弱っていたことが吹き出物の原因だった。これはよくある話です。

なぜ中東で「イスラム国」のテロリストが台頭したのでしょう。そもそもの問題は「サイクス・ピコ協定[26]」です。

山口　一九一六年、イギリスやフランス、ロシアが旧オスマン帝国の領土に勝手に国境線を引き、国土を分割してしまいました。

佐藤　その「サイクス・ピコ協定」によって生まれた無理な国境線が、イスラム社会の人々の間でいまだに強い不満を生んでいます。さらに言えば、近代の政治システムは人権を基本としているわけですが、アラブ世界ではいまだに人権よりも神権が上位にくるわけです。

西側諸国の影響を受けたごく一部の知識人やエリートが、イスラム社会に民主的な選挙を導入したとしましょう。でも圧倒的大多数の民衆は、人権ではなく神権を選ぶわけです。民主的選挙を実現しても、民主主義を否定して神権を重んじる勢力が権力を握ってしまう。このパラドックス（矛盾）がある限り、アラブ世界で安定した秩序は生まれません。安定した秩序が生まれないがゆえに、あちこちに「吹き出物」が出てくるわけです。

山口　「吹き出物」の根本原因を解決しない限り、問題の解決にはならない。非常に難しい課題です。

佐藤　「『イスラム国』の戦闘員を皆殺しにしてしまえばいい」「地上戦を展開して病巣を除去すれば、確実に問題は解決する」という単純な話ではありません。「人間の安全保障」の確立と「テロとの戦い」は、相当な長期間にわたって続く難しいテーマなのです。

人間主義と対話に根ざしたテロリズムとの戦い

山口　もちろん一般市民に危害を加えるような活動があったときには、日本は国際社会と協力して断固たる政治行政的手段を使わなければいけません。人道に反する行為、犯罪を犯した者は処罰するべきです。

そのうえで、なぜ平穏な環境で暮らしてきた若者が武器を手に取り、戦場へ向かうのか。「イスラム国」の兵士として人を殺す戦いに参加するのか。テロリズムが生まれる根本の温床に目を向けなければ、中長期的に状況を変えることはできません。

「ベルギーは『イスラム国』の戦闘員の供給源になってきた」と言われるわけですが、それには理由があります。「イスラム国」として志願していく人たちは、ベルギー国籍がありながら社会から排除されてきました。彼らが暮らす地域は失業率も高く、極端な貧困に苦しんでいたわけです。

同じベルギー国籍をもつ人が苦しんでいながら、なぜ彼らに手を差し伸べることができなかったのか。ベルギーで彼らが社会から疎外され、「イスラム国」へ追いやられてしまっている現実もあるわけです。地道で迂遠なようではありますが、「急がば回れ」という取り組みによって社会から差別や貧困をなくしていく。それがテロリズムとの確実な戦いにつながります。

佐藤　よくわかります。私が尊敬するフロマートカ[27]というチェコの神学者は、共産主義が登場したときにこう言いました。

「キリスト教がやるべきことをやらないから、共産主義が生まれてきたのだ。イエスは貧しい者と一緒にいたじゃないか。ところが最近のキリスト教はどうだ。カネ持ちと一緒になっているばかりで市民層に意識を向けようとしない。底辺の労働者のことをまったく忘れてしまった。『彼らは自分たちが施しを与える対象だ』くらいに思い、『自分たちと同じ人間である』という原点を忘れている。そんなキリスト教の現状に対して神様なんていないと主張する。だから階級闘争で問題を解決する共産主義が民衆の心をとらえたのだ」という趣旨《しゅし》のことを言いました。

山口　イスラム教であれどんな宗教を信じる人であれ、どういう文化をもつ人であれ、人間一人ひとりに光を当てた「人間の安全保障」こそ重要です。誰もが教育を受け、平和な社会で暮らし、生きがいをもって仕事ができる環境を整えていく。これこそ政治の大事な役割ですし、国際社会もこのような営みを共有していかなければいけません。テロリズムとの戦いは大変な時間がかかりますが、公明党はどこまでも「人間の安全保障」を追求していきます。

SGIの世界宗教化と公明党の与党化

山口　二〇一〇年一二月に中国を訪問したとき、ある人からこう言われたんですよ。「日本で歴史のある政党は、もう自民党と公明党くらいしかありませんね」。歴史のフィルターを通して、日本で信頼できる政治基盤はどこなのか中国は見極めています。長い歴史と風雪に耐えてきた自民党と公明党が、こうして連立与党を組んでいるのは必然性があるのです。

一五年一〇月に訪中したときには、中国の日本通の一人がこう言いました。

「平和安全法制の国会審議の終盤では、安倍政権の内閣支持率が下がりました。私のまわりには『このまま内閣支持率が下がり続けて、安倍内閣は駄目になるかもしれない』と言う人もいましたが、私の予想は逆です。実際、平和安全法制の国会が終わったあと、内閣支持率は上がりましたよね」。

安倍政権は平和安全法制にも取り組みますが、大衆の生活実態に目を凝らしながら、大衆が望む政策を実現していきます。安倍政権は歴史的な経験と智恵、そして高い政治的技術をもった政党の組み合わせによって成り立っていることを、海外の心ある識者はよく見ているのです。

佐藤　山口代表がおっしゃった「智恵」の部分は、閣僚をたった一人しか出していない連立与党の公明党が一手に握っています。公明党の根底に存在論的平和主義が息づいているおかげで、安倍政権がちょっと進む方向を誤りかけたときにも、正しい方向へと確実に進路を修正できる。公明党がパートナーであるおかげで、安倍政権は時代に即した政策を打ち出す「智恵」を発揮できるのです。

山口　過分な評価をいただき、かえって身の引き締まる思いです。

佐藤　いまやSGIは、世界一九二カ国・地域へと発展しました。SGIはいずれキリスト教、イスラム教とならぶ世界宗教として世界史に記されるでしょう。キリスト教が世界宗教化した条件は三つあります。第一に、ユダヤ教との決別[28]です。第二に、イエスの命を受けてパウロが展開した世界伝道[29]です。そして第三に、キリスト教はミラノ勅令[30]（三一三年）によって与党化しました。世界宗教のうち、与党ではない宗教なんてありません。

創価学会は一九九一年、宗門（日蓮正宗）と決別[31]して独立しています。創価学会の教えは日本一国のみに広めるだけでなく、SGIとして世界展開していきました。そして創価学会が支援する公明党は与党化を果たしたわけです。

公明党は九三年八月に初めて与党に参画した。そして九九年一〇月以降、民主党政権時代の三年数カ月を除いて、一貫して連立与党として活躍していった。与党・公明党の活躍は、創価学会が世界宗教化していくプロセスと密接にリンクしているのです。

(1) **平和安全法制**　二〇一四年の「七・一閣議決定」を受け審議し、一五年九月に成立。平和安全法制整備法（自衛隊法、武力攻撃事態法など一〇本の法律を一括改正）、国際平和支援法をまとめて指す。

(2) **集団的自衛権**　第二次世界大戦後、侵略国による武力行使に反撃する国際社会の集団安全保障が構想された。国連憲章（一九四五年）は個別的自衛権以外に、他国の自衛を支援する集団的自衛権を認める。

(3) **個別的自衛権**　第一次世界大戦後、他国からの侵略行為に対抗する自衛権が国際法によって認められた。他国から領海・領空侵犯や攻撃を受けた場合、現状でも自衛隊は米軍に頼らず武力行使が可能。

(4) 「安全保障法制の整備について　閣議決定全文」二〇一四年七月一日、全文は以下のURLを参照。https://www.komei.or.jp/news/detail/20140702_14366

(5) 山口那津男「平和主義の柱を堅持」『公明新聞』二〇一四年七月二日付、全文は以下のURLを参照。https://www.komei.or.jp/news/detail/20140702_14363

(6) **ホルムズ海峡への掃海艇派遣**　中東のホルムズ海峡では、タンカーや商船が多数往来。そこで機雷がまかれた場合、海上自衛隊の掃海艇を派遣すべきだという議論がある。安倍総理は掃海艇は派遣しないと明言。

(7) 「参院平和安全特委　山口代表の質疑」『公明新聞』二〇一五年九月一五日付、全文は以下のURLを参照。https://www.komei.or.jp/news/detail/20150915_18002

(8) 「我が国及び国際社会の平和安全法制に関する特別委員会」「国会議事録」二〇一五年九月一四日付

(9) **湾岸戦争**　一九九〇年八月二日にイラクがクウェートに侵攻。アメリカを中心とする二八カ国の多国籍軍は、国連安保理決議に基づき九一年一月一七日にイラクを攻撃。三月六日に停戦合意。

(10) **PKO（国連平和維持活動）協力法**　一九九一年の湾岸戦争を受け、PKO（Peace-Keeping Operation＝国連平和維持活動）に協力するための法律が九二年に制定された。二〇一六年現在も南スーダンでPKO任務が続行中。

(11) **市川雄一**　一九三五年生まれ。七六年より公明党衆議院議員（当選一〇回）。八九年に党書記長。九三年に細川護熙連立内閣を成立させ、公明党は初めて連立与党に参画した。現在は党特別顧問。

(12) 佐藤優「信頼できる公明の平和主義　政権の勇み足ただす信念の力」『公明新聞』二〇一五年九月二五日付、全文は以下のURLを参照。https://www.komei.or.jp/news/detail/20150925_18093

(13) **安倍晋太郎**　一九二四年生まれ。岸信介総理の娘婿。五八年より衆議院議員（当選一一回）。農相、官房長官、通産相、外相、自民党幹事長などを歴任。九一年に六七歳で死去。安倍晋三総理の父。

(14) **日中国交正常化提言**　一九六八年九月八日、創価学会学生部総会で池田大作会長（当時）が発表。日中国交正常化や中国の国連加盟などを提言。『池田大作全集』第一五〇巻（聖教新聞社、二〇一五年）に収録。

(15) **プラハの春**　ソ連のスターリンが一九五三年に死去すると、東欧で次々と民主化の機運が高まる。六八年春チェコスロバキアで民主化運動が起きると、ソ連が八月に二〇万人の軍で侵攻し鎮圧した。

(16) **コスイギン**　一九〇四〜八〇年。ソ連首相。インド・パキスタン紛争の調停（六六年）、アメリカのジョンソン大統領と会談（六七年）、周恩来会談（六九年）など外交面での活躍が多数ある。

(17) **ブレジネフ**　一九〇六〜八二年。六四年にフルシチョフが失脚すると、六六年にソ連共産党書記長に就任。七七年にはソ連最高会議幹部会議長に就任し、死去までソ連の最高指導者に君臨した。

(18) **韓国SGIのウェブサイトによると、メンバーは一五〇万人まで拡大。** 以下のURLを参照。http://www.ksgi.or.kr/about/ksgi/introduce.ksgi

(19) 「池田SGI会長、韓国・慶熙大学の名誉哲学博士に」『聖教新聞』一九九八年五月一七日付

(20) **ローカル・アグリーメント** 国家間の紛争を防ぐため、WTO（世界貿易機関）のような枠組みとは別に自由貿易協定や地域協定を結ぶことがある。

(21) **貝殻島昆布協定** 貝殻島は根室半島の沖合いにある無人島。第二次世界大戦後は日本の施政権が認められなかったものの、一九六三年に旧ソ連と大日本水産会が協定を結び、島周辺での昆布漁が認められた。

(22) **北方四島周辺での安全操業協定** 一九九四年、ロシアの南クリル地区長が根室市長に漁業協定締結を提案。九八年に「北方四島周辺水域における日本漁船の操業に関する協定」が結ばれ、管轄権問題を棚上げしてホッケやタコ漁が始まった。

(23) **田中角栄** 一九一八〜九三年。四五年より衆議院議員（当選一六回）。七二年に首相に就任。日中国交正常化や日本列島改造を進める。七四年に退陣。七六年にロッキード事件で逮捕された。

(24) **周恩来** 一八九八〜一九七六年。中国の総理としてインドシナ休戦、インドのネルー首相との平和五原則、アジア・アフリカ会議（バンドン会議）、日中国交正常化など平和外交を進めた。

(25) **田中角栄総理と周恩来総理の会談記録** 一九七二年九月二五〜二八日、外務省の公開文書。東京大学東洋文化研究所・田中明彦研究室のウェブサイトで全文が読める。http://www.ioc.u-tokyo.ac.

jp/~worldjpn/documents/texts/JPCH/19720925.O1J.html

(26) **サイクス・ピコ協定**　第一次世界大戦中の一九一六年、イギリス・フランス・ロシアがオスマン帝国の領土分割を決めた秘密協定。この協定が今日に至るまで中東の混乱の原因となっている。

(27) **ヨゼフ・ルクル・フロマートカ**　一八八九〜一九六九年。チェコのプロテスタント神学者。一九三〇年代から反ファシズム運動に尽力。六八年の「プラハの春」後、ソ連によるチェコ侵攻に死去直前まで抗議した。

(28) **ユダヤ教との決別**　イエスは元ユダヤ教徒。ユダヤ教ではパリサイ派と呼ばれる律法学者が、律法を学ばない庶民を蔑視し、排除していた。イエスはこれら最下層の民衆こそを救おうとした。

(29) **世界伝道**　キリスト教の草創期、弟子のペテロやパウロは六五年頃から六七年頃に死去するまでヨーロッパから中東にかけて国境を超えて伝道。以後、歴史を通じてキリスト教徒は世界中に教えを広めた。

(30) **ミラノ勅令**　三一三年、ローマ帝国のコンスタンティヌス帝とリキニウス帝がキリスト教を公認する勅令を発布。激しく続いたキリスト教迫害を禁止し、教団として正式に認めることを決めた。

(31) **宗門（日蓮正宗）と決別**　一九九一年一一月、日蓮正宗の総本山大石寺は、信徒団体創価学会とSGIを破門。学会側は「創価ルネサンス」「平成の宗教改革」と謳い、九三年一〇月から独自の本尊授与を始めた。

第三章——軽減税率と中小企業対策

なぜ「軽減税率」の実現にこだわったのか

山口　二〇一五年四月に五％から八％に上がった消費税は、一七年四月より一〇％へとさらに増税されます。一〇％への増税にあたり、公明党はヨーロッパのモデルに即した軽減税率を導入するべきだと訴えてきました。

自民党と財務省は軽減税率の対象品目を「生鮮食品のみ」と主張していたわけですが、公明党はお弁当や惣菜、納豆やインスタント食品など日常広く買われる加工食品を対象にしないのは国民に理解されないと主張しました。その結果、「酒と外食を除く全ての飲食料品」に軽減税率を適用する方針が一五年一二月に確定しました。

佐藤　公明党は素晴らしい成果を上げました。生鮮食品のみならず、加工食品にも軽減税率を適用する。庶民の生活を考えるならば、これは至極《しごく》当たり前の話です。

ところが反対派は「一〇〇グラム五〇〇〇円の肉を買う富裕層に軽減税率は必要ない」という極端な事例を出し、プリズムにかけて話を歪曲してしまいます。「持ち帰り扱いで軽減税率が適用された牛丼を買い、外に出たら雨が降ってきた。仕方なくもう一回店の中に入ってきた人には、軽減税率を適用せず一〇%の消費税を取り直すのか」などという、「ためにする議論」をするべきではありません。

今後野党は、国会でも選挙でも軽減税率を争点化していくでしょう。そのときに「針の先で天使が何人踊れるか」というような瑣末《さまつ》な議論をすればするほど、有権者から顰蹙《ひんしゅく》を買います。大衆の普通の感覚としては、「今晩の夕飯のおかずは何にしようかな」と考えてトンカツやさつま揚げを買うときに、消費税率が軽減されることはありがたいわけですからね。

山口　生活者の視点に立つ公明党は、消費税を二%上げることになったとき、人々がどういう思いをするのかをよくわかっているのです。

佐藤　公明党の主張により、新聞にも軽減税率を適用する方針が決まりました。新聞は民主主義を支える大切なインフラ（社会基盤）です。私も賛成です。

山口　八%、そして一〇%への消費増税と「社会保障と税の一体改革[1]」は、民主党政権時代の一二年六月に自民・公明・民主が三党合意しました。民主党も自民党の一部も財務省も、軽減税率ではなく給付付き税額控除を導入すべきだと主張しています。

佐藤　給付付き税額控除とは、税額控除と手当給付を組み合わせた制度のことですね。

山口　この制度を採用する場合、消費税引き上げに伴う負担増の一部を所得税額などから差し引きます（税額控除）。減税がない低所得者層については、差額の現金を給付します。（手当給付）

たとえば、五万円の給付付き税額控除の場合、税金の金額が一〇万円の人は五万円を差し引いて残り五万円を納税するわけですよね。税金の金額が三万円しかない人は、差額の二万円が給付されます。

佐藤　役所まで出かけて「ウチは収入が低い。だから現金をいくらか戻してください」と申請すれば、お上から現金を差し戻してもらえる。そういう仕組みが給付付き税額控除です。

山口　三党にはさまざまな考え方の違いがあったわけですが、公明党は「軽減税率が一番国民に理解されやすい」という結論に至ったわけです。軽減税率はヨーロッパ諸国で長年実行されており、制度として安定しています。

もちろん「軽減税率によって財源が目減りしてしまう」という反対論があることは承知していますが、高齢者や低所得者の生活を守りながら、国民の理解を得て進めていく必要があります。給付付き税額控除を適正公平に行なうためには、国民一人ひとりの所得や資産を正確に把握する必要がありますが、その仕組みがまったく整っていません。実行の見通しが立たない机上の空論にすぎません。

ところがいまだに一部の経済学者やメディア、民主党は「軽減税率ではなく給付付き税額控除にするべきだ」と盛んに主張します。一〇％への消費増税は一七年四月に開始すると、すでに法律で決めているわけですよね。その時期までに、給付付き税額控除をどうやって実行するのか。具体案とロードマップ（工程表）を示して国民を説得している人は誰もいないわけです。実行できるまで消費税引き上げを先送りしますというのでは、本末転倒《ほんまつてんとう》でしょう。

同じことが、もう一つの選択肢として掲げられた「総合合算制度」についてもいえます。医療、介護や保育などの自己負担を総合して上限を決める「総合合算制度」も、所得や資産を正確に把握できないと適正公平に実施できません。マイナンバー制度が普及浸透し、各種情報との連携ができることが前提ですが、そのうえで、所得や資産が正確に把握できる見通しは立っていません。

一体改革で示された選択肢の中では、消去法からいっても軽減税率しかないのです。

印象操作によって議論の本質をズラす野党の無責任

佐藤　野党が主張している給付付き税額控除には、根本的な問題があると思うんですよ。人間の心理について思いをめぐらせてみましょう。社会的に阻害されている多重債務者《さいむしゃ》、貧困状態に置かれている人は、現金が入ってきたらすぐに使ってしまう可能性が高い。オカネを使ってしまい、あとで必要なものを買えなくなってしまったときにどうするのか。社会的弱者とは「情報弱者」であり、「生活習慣弱者」でもあるわけです。

山口　あえていえば、「軽減税率よりも給付付き税額控除のほうがいい」という考え方は、国民をバカにしているところがあるのです。

佐藤　おっしゃるとおりです。まずいオカネの使い方をしてしまう習慣をなかなか改善できない「生活習慣弱者」にいきなりオカネを給付したら、すぐに使ってしまいます。すると「オマエはせっかく給付金をもらったのに、お酒を飲んでしまってケシカラン」と突き放す。

借金の取り立てが来たせいで、給付金はなくなってしまった。なのに食費や生活費が二

%も増税されて苦しい。「そんなものはオマエの生活習慣がだらしないせいだ。自己責任ではないか」と社会は冷たいわけです。「軽減税率よりも給付付き税額控除にしたほうがいい」という考え方には、「情報弱者」や「生活習慣弱者」を守ろうとは本気で思っていないところがあるわけですよね。軽減税率はそこに目を配った「弱者のための政策」なのです。

公明党の主張は、外交・安全保障の政策においても経済政策においても、同じように人間主義の思想が具現化されています。日本社会でもっとも苦しんでいる人たちの現実からスタートし、その人たちが確実に食べていけるようにする。生活にかかる負担を少なくしていくわけです。

山口　まさにおっしゃるとおりです。軽減税率に反対する人たちは、まだ国民からいただいてもいない税収について「入るべきはずのものが入らなくなるのはおかしい」「税収が何千億円も目減りしてしまう」と皮算用《かわざんよう》しているわけです。

税金をいただくからには、国民から納得と理解を得なければなりません。「私たちはこれだけの税金を払うのですから、再分配によって生活を守ってくださいね」と納得していただければ、税金をいただく側と納税者との対話が成り立ちます。

軽減税率に反対している人たちは内心「なるべく国庫に入るものを多くしよう」と考えているのでしょう。だから食費や生活必需品にまで、一律に一〇％の消費税をかけたがるわけです。

そして低所得者にはレッテルを貼り、その人たちに一律に限度を決めてオカネを配ろうとする。「これであなたたちは我慢しなさい。この給付付き税額控除のオカネをどう使うかはあなた方の勝手。これだけの金額があれば、消費税が上がった分を十分まかなえるはずだ」と突き放す。軽減税率に反対している人たちは、国民の痛税感《つうぜい》に目が届きません。

佐藤　給付付き税額控除を採用した場合、子どもが学校で「オマエのところは給付金をもらっているんだな」といじめに遭《あ》うという付随《ふずい》的な問題が発生する可能性があると思うんですよ。給付を受けるかどうか、役所に申請を出しに行くかどうかという「可否」を伴う決断が露骨《ろこつ》に出てくる局面は、極力減らすべきだと思います。

山口　生活者にとってみれば「オマエは低所得者だから年間四〇〇〇〇円あげればいい」と役所から言われても「余計なお世話だ」と反発する人もいるでしょう。「オレにはオレの生き方がある。どういう消費水準で生きようが他人から干渉されたくない」「オレは所得が乏しいけれども、しかし食べ物にはカネを惜しまない」といった考え方の人もいます。

立派な服装でなくても、別のことにオカネを使いたいという生き方だってある。反対に所得がたくさんある富裕層の中に、贅沢《ぜいたく》せず質素に暮らす人もいます。

佐藤　よくわかります。

山口　給付を受けても消費するときに一律一〇％では、痛税感の緩和を実感できません。消費するたびに「軽減されて助かった」と痛税感の緩和を実感できる効果が大事なのです。個人の使った分に応じて軽減の効果が及ぶので、人の生き方にまで余計な口出しをすることもなく、「あなたは低所得者ですね」とお仕着せでレッテル貼りすることもない。なおかつ所得の少ない人ほど軽減率が大きくなる、「酒と外食を除く全ての飲食料品に軽減税率適用」という選択がベストなのです。

財務省の論理と民衆の論理

山口　三％の消費税が始まったときにも、五％、八％へ増税するときにも、一時的にオカネを配る簡素な給付措置はやりました。でも申請率は六～七割程度でしかありません。

そういう申請を役所の窓口に出しに行くということは、「あなたは低所得者だ。だからある」と言われているようなものです。「他人からそのような扱いを受けることを私はいさぎよしとしない。恥ずかしいではないか」と考える人は少なからずいます。

また数千円、一万円程度のものをもらいにわざわざ役所に行くのは、高齢者にとっては大きな負担です。体の都合で、役所に行きたくても行けない人もいます。「一律に機会を与えたからいいだろう。請求するかしないかはそっちの勝手だ」という態度は、まことに上から目線なのです。

佐藤　「軽減税率なんて導入すれば、当初予定していた税収が減るじゃないか」という財務省の論理は、民衆の論理とはかけ離れていますよね。国家には「少しでも多く税金を取りたい」という本性があるわけです。

山口　給付付き税額控除にすれば、申請率は絶対に一〇〇%にはならない。申請されなかった分は、税収が目減りしないで済む。そこをあらかじめわかったうえで、給付付き税額控除が主張されているわけです。そういう主張の裏には、給付に伴う申請漏《も》れはやむをえないという課税する側の割り切った考え方が隠れているわけですよ。

佐藤　そうした意味でも、公明党が軽減税率を主張しているのは極めて合理的です。所与の条件の中で、公明党は最も合理的な選択をしています。

いまこそ日本にインボイス方式を導入するべきだ

佐藤　公明党は軽減税率と併せ、品目ごとに税率や税額を記入するインボイス（税額票）の導入を推進しています。メディアや野党は「事業者の負担が大きすぎる」と言って反対しているわけですが、こんなものは慣れの問題です。企業がつけている複式簿記なんて、インボイス方式よりもっと複雑じゃないですか。個人事業主だって、売上が五〇〇〇万円以上になれば厳しい記帳義務があるわけです。

また、いまはエクセルなどのソフトがとても発達してきています。インボイスに合致したソフトの開発なんてすでに始まっているでしょうし、データを入力すれば自動的に振り分けてくれる機能だってつくでしょう。手書きで一枚一枚インボイスの領収書を埋めていく。ソロバンを使って徹夜で伝票を整理する。そんな煩雑《はんざつ》な仕事になるわけがありません。

山口　インボイスは二〇一七年四月の増税時からすぐに導入するわけでもありません。四年の移行期間を設け、二〇二一年四月から正式に導入する見込みです。それまでに準備をしておけばいいのですし、佐藤さんがおっしゃるように、とても使いやすい会計ソフトだって開発されるでしょう。

佐藤　もっと言えば、いままでインボイスをつけていなかったこと自体がおかしな話なのです。インボイスをきちんとつければ、それぞれの企業の中でバランスシートがきちんと整っていくわけですよね。

山口　「零細事業者にまでインボイスを要求すれば、事務作業があまりに大きな負担になってしまう。そこまで厳しく管理するのはかわいそうではないか」というまことしやかな情緒《じょうちょ》論と政治的妥協によって、そこはお目こぼししてきた側面があります。

佐藤　でもそれは「中小企業者をバカにするな」という話ですよね。

山口　おっしゃるとおりです。

佐藤　「インボイスも作れないほど中小企業の能力が低いと見ているのか」という話になりますよ。

山口　インボイスが普及すれば、消費税の支払いは明朗会計になります。弱い立場の事業者は、消費税分を上乗せして元請けに請求できなかったりするわけです。すべての事業者がインボイス方式になれば、取引の過程で全体の辻褄《つじつま》が合わない不明朗な処理がなくなっていくことも期待できます。長い目で見ると、インボイスは中小企業や小規模事業者こそ守ることになるのです。当然、中小・小規模事業者への導入支援をきめ細かに、丁寧にやっていかなければなりません。

佐藤　そこも非常に合理的ですね。理屈が立っています。

「増税↓消費の冷えこみ」にストップをかける方法

山口　二〇一五年四月に消費税を八％に増税したとき、私たちは大きな教訓を得ました。二〇一二年一二月の政権交代後、アベノミクス(2)によって経済の勢いを作り出しています。それ以前の景気低迷と相殺《そうさい》してドッコイドッコイになりかけていたのに、増税後に消費が低迷してしてしまいました。大方の増税論者は「三％増税すれば一時的に消費が落ちますが、またすぐに戻りますよ」と言っていたわけですが、そうはならなかったのです。

消費増税の負担感がいかに重いか。増税すれば、低所得者だけでなく豊かな人までも消費を控えてしまうのです。年収三〇〇万円の人であろうが、五〇〇万円であろうが八〇〇万円であろうが、消費税は重い。低所得者で線引きするのではなく、最大多数の人々に「これなら安心して日々の生活を送れる」と安心感をもってもらえる制度設計にしなければばいけないのです。

佐藤　公明党の働きにより、軽減税率はベストの制度設計に落ち着きました。平和安全法制のときと同様、またしても公明党は大勝利したのです。

山口　民主党などは盛んに「軽減税率は低所得者対策として……」と言いますよね。しかし、一部の低所得者への「対策」ではなく、消費税の持つ逆進性、すなわち、所得の少ない人ほど負担感が重くなるという性質をどう和らげるかが、本来重要なのです。給付ではなく軽減税率にしぼられた以上、「低所得者対策」という言い方はしません。「軽減税率は消費者の痛税感を緩和し、逆進性を和らげる。その結果、経済の勢いを損なわないことこそ大切なのだ」と主張しているわけです。

日本はヨーロッパ諸国の叡智に学べ

佐藤　「軽減税率は必ずしも低所得者層にプラスにならない」と試算を出してくる人もいます。どのデータをどう切り取るかによっていくらでも幅をもたせられますし、数字にはいくらでもマジックをきかせられますから、ここは注意しなければいけません。

なぜヨーロッパ諸国で軽減税率が定着しているのか。私たちはヨーロッパの叡智《えいち》に学ぶべきです。日本は低税率・低負担・低福祉社会を目指すのか。それとも中税率・中負担・中福祉社会なのか。あるいは高税率・高負担・高福祉社会を選択するのか。

北欧のような高税率・高負担・高福祉社会には、反発を抱く人も多いかもしれません。納税者には広く一定の負担をしてもらい、福祉に最大限の再分配ができるよう、智恵と工夫を凝らす。中税率・中負担・中福祉社会を目指す方向性は、国民の大多数のコンセンサス（合意）と合致しています。

福祉や社会保障の分野で、政府があまり面倒を見ないアメリカ型社会がいいのか。それとも政府が積極的に関与するヨーロッパ型がいいのか。日本はアメリカ型よりもヨーロッパ型のモデルのほうがマッチしています。ヨーロッパで積まれてきた軽減税率の叡智から学ぶ姿勢は、私たちにとってごく自然なのです。

山口　そこは本当に大事なポイントです。公明党は給付付き税額控除を選択せず、軽減税率一本でやってきました。理由は二つあります。第一に、多くの国民が支持してくれる。第二に、ヨーロッパで制度が長く定着した実績があるため揺るがない。安定性がある。この二つが最大の理由です。

佐藤　ヨーロッパはいろいろなサイズの国があります。人口が小さな国でも大きな国でも定着していますよね。
山口　ＥＵ（ヨーロッパ連合）では初期に加盟した国が付加価値税を始め、後に加盟したかつて東側（社会主義陣営）に属していた国も続々と軽減税率を採用していきました。コンピュータが発達しましたから、品目別に複数の税率を設けたところで、現場で大きな混乱はないわけです。
佐藤　どんなに所得が低い人であれ、生活保護受給者であれ、食べなければ生きていけないわけです。軽減税率は、苦しい生活を送っている人にとってのセーフティネットなんですよね。「こういったところからはなるべく税金を取りませんからね」という政府の姿勢が伝わってきます。
山口　減税というと、いったん徴収したものを配る給付タイプと、税率を下げて最初から徴収しないタイプがあります。日本は伝統的に前者を選びたがるんですよ。
佐藤　いったん納税者から集めたものを配る方式にしておけば、役人の権限が増えますからね。
山口　たしかに。でも最初から税金を取らない方法だってあるわけです。軽減税率にして

EU主要国の付加価値税のしくみ

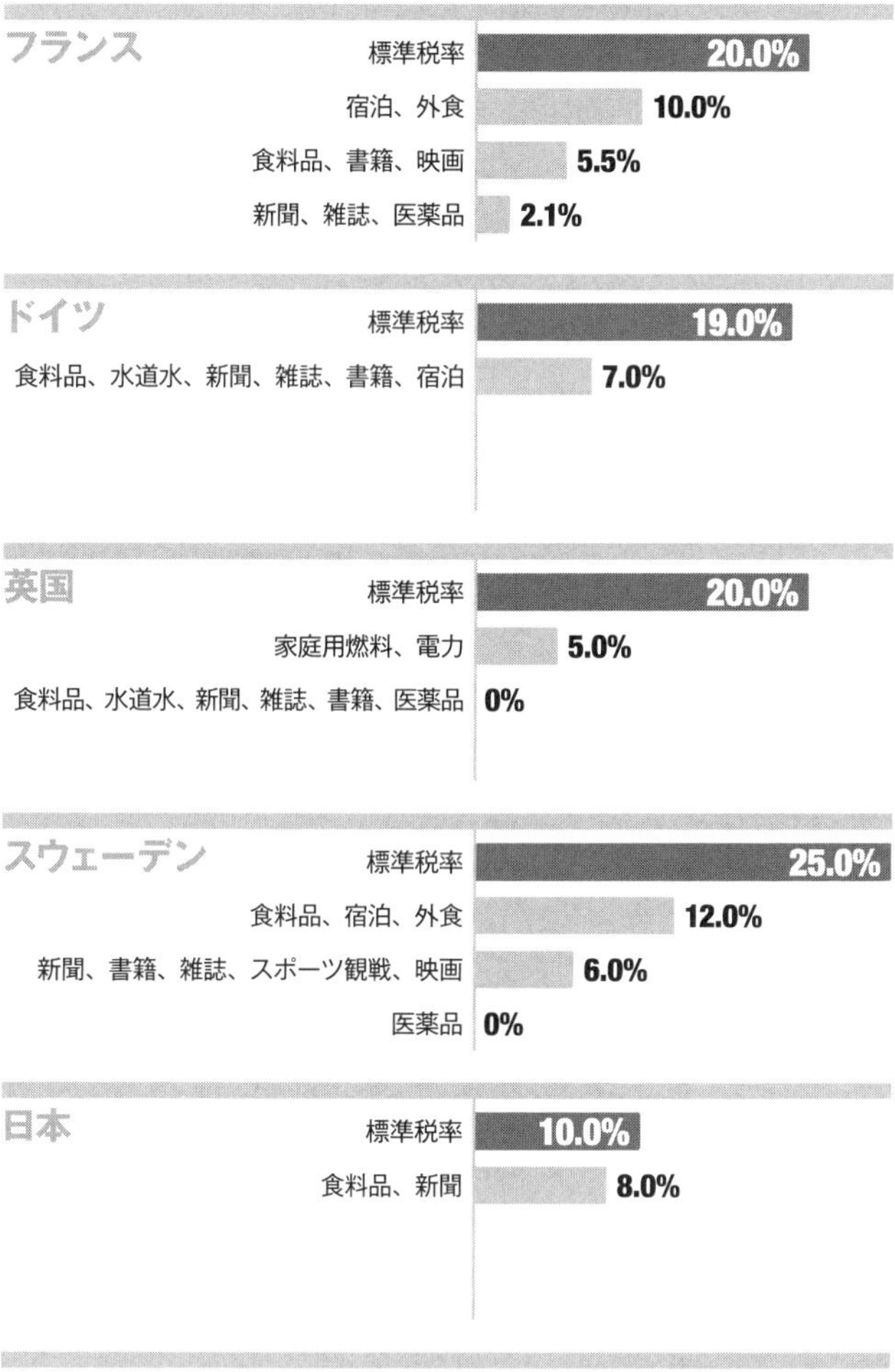

「JETORO」ウェブサイト等を参考に編集部作成

おけば、あとから低所得者に給付して還元するコストと手間もかからない。その意味でも、軽減税率は一番効率的なのです。

政権交代後一五兆円も税収を伸ばしたアベノミクス

山口　景気は時代によって変動しますし、バブル崩壊やリーマン・ショック(3)のような経済危機も起こります。たとえ景気が悪くなったときにも、一定の税収が確保できる制度を作りたい。そういう考え方に一理あることは事実です。

佐藤　それは財務省の論理ですよね。

山口　そう、社会保障の財源を確保する責任に基づく論理です。

佐藤　専門家集団である財務省は、Aというメニューだけを押しつけるのではなく、Bというメニュー、Cというメニューなどいくつもの選択肢を示さなければなりません。そこからどのメニューを選択するかは国民が決めることですし、国民の代表である政治家の仕事です。

山口　財務省は軽減税率に対して「税収が目減りしてしまう」と反対していたわけですが、

彼らは肝心なことに目をつぶっています。安倍政権になってから、どれだけ税収が増えたかということですよ。

二〇一五年一二月二二日、一六年度予算案の大枠が決定しました。政府与党政策懇談会の場で、安倍総理自ら次のように語っています。

「安倍政権は、経済再生と財政健全化の両立に向けて全力で取り組んでまいりました。今や、政権交代前と比べて税収は一五兆円増え、公債発行額は一〇兆円減りました。国・地方をあわせた税収も二一兆円増えております。成果は明白であります。自信を持ってこの道を皆様と共に進んでいきたいと思います」

軽減税率をめぐる議論の中で、財務省はこの数字にまったく触れようとしませんでした。

佐藤　「軽減税率によって税収が減る」なんて言うけれども、現に税収が増えている分の成果を、財務省はどこへ回したのかということですよね。

山口　「一部は国債発行額を減らすために回した」と言うかもしれませんが、あとの差額はどこへ行ったのでしょう。「財源がない」「財源がない」と言う前に、ここの差額を適切に評価してもっと国民に還元しなければいけません。

財務省はこの大事なポイントをゴマカシているから、初めは「財源がないから生鮮食品にも一〇%の消費税をかけるべきだ」と言っていたのに、最後は「酒を除く全ての飲食料品」と言いだして、財源論が総崩れしていったわけです。「財源がない」という言い方がいかに相対的なものであるかということは、財務省と自民党税制調査会との議論を通じてよくわかりました。

「情緒」の自民党・財務省と「理詰め」の公明党

佐藤　おもしろいことに、軽減税率をめぐって財務省と自民党は「情緒」に訴えてきました。それとは対照的に、公明党は徹して「理詰め」なのです。平和安全法制についての議論を見ていても、「情緒」に訴える官僚と自民党の論理に対して、公明党が「理詰め」であることが目立ちました。官僚は論理に強いはずだったのですが、最近では公明党と立場が逆転してしまっているのです。

山口　公明党は国会論戦を乗り越え、後世の議論にも耐えられるように考えを組み立てています。ですから、理屈のところをとても大事にしているのですよ。理屈がしっかりしているということは、勢いや感情に駆られて枠から飛び出す心配はない。そこが安定感につながるわけです。

もっと仔細《しさい》に見れば、アベノミクスで努力した結果、企業の賃金は上がりました。ボーナスや一時金が増えたとしても、景気が悪くなればまた落ちてしまいます。賃金がベースアップすれば、二〜三年後にいきなりベースダウンしてガクンと減ることはありません。賃金のベースアップが景気全体を底上げし、恒久的な基幹税である所得税や住民税の安定的な財源になるわけです。

地方税についてはどうでしょう。企業が土地を買い、建物を建て、機械や備品を入れる。こうした設備投資には、すべて固定資産税がかかってきます。固定資産税も地方税にとって恒久的な基幹税としての安定財源です。モノがある限り、税収はなくなりませんからね。こうして、住民税や固定資産税の安定的な財源が増えると国から地方に分ける地方交付税は減って、その分国の財政に余裕が生まれます。

アベノミクスによってこうした現象が実際に出てきているのに、それをまったく無視して「安定財源が足りない」「恒久財源が足りない」と言い募る。こういうおかしさが財務省の論理にはけっこうあるわけです。

佐藤　どこで枝切りするかによって、数字の見せ方はいくらでも変わってきます。雑誌をどう編集するかによって、記事の見せ方やテイストが正反対になるのと同じです。財務省に編集権を与えるのではなく、民衆に編集権を取り戻す。これが公明党流の政治的アプローチなのです。

中小企業を守るネットワーク政党・公明党の強み

佐藤　公明党は中小企業対策に力を入れています。なぜ中小企業を重視するのか、理由を教えてください。

山口　中小企業は日本経済を支える屋台骨《やたいぼね》です。中小企業の基盤が広く深く根づいているおかげで、日本経済は成り立っています。大企業だけが潤えばいいという話ではありません。世界を見渡しても、高い技術力をもった中小企業の厚みと基盤が、日本ほど十分揃《そろ》っている国はそうざらにないわけです。

大企業の研究開発チームが作る新しい先進的技術もありますが、中小企業の経験知、長年の伝統技術から生み出される素晴らしいイノベーションもあります。たとえば日本刀や刃物を作る技術は、中世から連綿《れんめん》と鍛え上げられ現代に生きているわけですよね。

佐藤　技術だけでなく、日本の法人数の九九％は中小企業です。

山口　つまり、中小企業は日本の大部分の生活者の雇用の受け皿になっているのです。ですから公明党は一貫して、「福祉重視」とともに「中小企業支援」を政策実践の柱としてきました。

公明党の強みは、全国三〇〇〇人にのぼる地方議員と国会議員を結ぶネットワークです。中央政府の「上から目線」の観点ではなく、地域に根ざしたネットワークを生かし、中小企業の生の実態、生の声を積み上げて政策を編《あ》み上げてきました。

佐藤　自民党の議員も維新の党の議員も、盛んに「トリクルダウン」(＝富める者が得た利益が、貧しい者にまで自動的に滴り落ちる）という言葉を口にします。大企業が得た利益を、どうすれば中小企業や零細企業にまで還元していけるのか。規制緩和という「魔法の杖」によって、経済の問題が簡単に解決できるわけがありません。「トリクルダウン」とは口で言うほどたやすくはありませんし、時間もかかるわけです。

山口　だから我々は、現実的な中小企業対策に粘り強くじっくり取り組むわけです。

佐藤　中央政府から命令を下す「トップダウン型」ではなく、公明党が考えていることは常に現場の声を積み上げる「ボトムアップ型」なんですよね。

公明党が実現した中小企業の「資金繰り円滑化制度」

山口　公明党が取り組んできた中小企業対策について、具体例をご紹介しましょう。公明党は二〇〇三年二月、中小企業への資金繰り支援「資金繰り円滑化借換《かりかえ》保証制度」（中小企業庁）を実現しました。

たとえば、信用保証協会から一〇〇〇万円の保証付融資Aを受けて事業を拡大したい中小企業が、過去に借りた保証付融資B（一〇〇万円）、保証付融資C（五〇〇万円）の返済に追われているとしますよね。この制度を使うと、BとCの借金返済を一つにまとめたうえで、返済期間を延長して月々の返済額をうんと減らせるのです。

佐藤　そのおかげで余裕ができた分を使って、新たに融資Aを受けて事業を伸ばす。

山口　そういうことです。この政策は、公明党議員が現場の細かい声をちゃんと聞いたうえで考え出しました。「資金繰り円滑化借換保証制度」のおかげで倒産を免れてなんとか生き延び、事業を再建して伸ばすことまでできた中小企業はたくさんあります。

中小企業の賃金アップについては、いままさに取り組んでいる最中の課題です。「アベノミクスによる企業の収益増加によって賃金を上げる」という政治家のねらいは、大企業に偏りがちなんですよね。サービス業や非製造業の分野では、中国人観光客の「爆買い」効果や観光客急増の恩恵をこうむり、中小企業まで賃上げがかなり進んでいます。製造業については、賃上げ効果が中小企業にまであまり及んでいないのが実態です。そこで、公明党は政労使（政府・労働者〈連合など〉・使用者〈経団連など〉の三者）の会議を開くよう主導し、中小企業にまで賃上げの効果が及ぶように強く促しました。

佐藤　製造業の分野は、為替の変動やグローバル化の影響をもろに受けます。たとえいまが良くても、次にどうなるかは予想がつきません。

山口　だから製造業の分野では、大企業が内部留保を思いきり貯めこんで中小企業にまで放出しないのです。大手自動車メーカーなどの大企業では賃上げが進んでいますが、二次下請け、三次下請けとなると賃上げはなかなか厳しい。

中小企業従業員の賃金を守る「政労使会議」を実現

山口　政府が中央で政労使会議を開いて、賃金や雇用を拡大しました。異例の取り組みですが、成果を上げたわけです。

そこで公明党は「地方版政労使会議」を提唱し、地方自治体や国の出先機関、企業、労働組合の三者が忌憚《きたん》なく実情を話し合えるようにしました。「地方版政労使会議」は一五年から静岡・愛知・大阪・京都・岡山で開かれています。これからさらに全国各地に広がっていくでしょう。自治体が自由に「地方版ハローワーク」を設置できるよう法改正し、雇用と賃金を併せて「地方版政労使会議」を活用することが期待されます。

より弱い立場の中小企業、小規模企業にもきちんと力を入れ、そこで人が働き、賃金が上がるようにする。「地方版政労使会議」はそのための場所です。

佐藤　そうすれば社会全体に活力がつき、税収の増大にもなります。

山口　円安になって企業の収益が上がった。原油価格の値段が下がっている。こうした効果によって大企業の収益は増えているわけですが、企業は先々に備えようと内部留保に努めます。ですから、なかなか中小企業や小規模企業の労働者にまで利益が還元されません。

デフレ期に「なんとかコストを下げろ」「値段を下げろ」という厳しい要求が下請けにかかっていたのに、経済が上向いても相変わらず同じような圧力を下請け企業にかけている。そこを公明党は見逃しません。

佐藤　重要な着眼点です。先ほど話題にのぼったトリクルダウンなんてことは、大企業任せにしておく限り自動的には起きません。そこは政策的な介入が必要なのです。

山口　現場の声をきめ細かく聞きながら、そこに公明党は手を入れていく。「あなたの業界は業績がずいぶん上向いていますね。円安で収益が増えた分、下請けは輸入原料のコスト増で収益が圧迫されている。そこを面倒見てあげるべきでは」とガラス張りにしていく。適切な価格転嫁《てんか》によって中小企業や小規模企業にも利益が還元されるようになれば、末端の労働者の賃金も上がります。その賃金上昇分が、総じて消費に回っていくわけですよ。これこそ本当の意味での好循環です。

政治が企業に協力を促して、中小・小規模企業への適切な利益配分や価格転嫁を実現することによって、世界に冠たる日本の中小企業の産業基盤を育て、守ることができます。経済全体の好循環を進め、勢いをつけていくことができるのです。

下町の中小企業社長と膝詰めで語り合う

山口　政府の官僚は統計資料や経済団体から出された政策要望をもとにして政策を立案し

ていくことが多いのです。売上がどう伸びたのか。生産量がどう伸びたのか。どんな品物をどのくらい作っているのか。数値化できる資料を中心に官僚は政策を考えていきます。

もちろん我々もデータや数値は大事にしますが、中小企業で働く人たちの現場の声、現場の実態こそを最大に重視します。下町にある自動車の部品工場に出かければ「最近景気はなかなかいいよ」と言う人もいれば、「中国で景気が減速しているせいで、部品の注文が減っちゃって大変なんだよ」と嘆く人もいるわけです。

中小企業の現場はグローバル化の波をもろにかぶり、親会社から「単価の削減」「コストダウン」を厳しく要求されている。こうした実態は、なかなか数値や統計資料には表われません。

佐藤　よくわかります。

山口　私たちは政府が気づかない現場の声、生の実態をつかみ、補足する。支える。先手を打つ。地域に根を張った草の根のネットワーク政党だからこそ、中小企業の人たちがいま求めている叫びを聞き、いち早く政策に生かせるのです。

佐藤　山口代表ご自身は、どういうスタイルで現場を視察していらっしゃるのですか。

山口　私は参議院東京選挙区の議員ですし、葛飾区在住ですから、葛飾はもちろん墨田区や荒川区、江戸川区や足立区などの中小企業のオヤジさんのところへはよく足を運びます。「ちょっと社長には言えねえんだけど、じつはこんなことがあってね……」「社長がもう工場を閉めると言ってるんだよ。次に働く場所がなくなっちゃったらオレたちは困るんだ」なんて声を直接聞くわけです。

佐藤　私の父方の祖父は江戸川区の逆井（現・平井）で鋳物《いもの》職人をやっていたんですよ。ですから、山口代表が回っていらっしゃる現場の雰囲気はよくわかります。

山口　ああ、そうでしたか。南部の小松川地区は再開発が進みましたが、北部の平井地区は再開発の対象にはならず、建物が密集していていまも昔の情緒が残っています。多摩のほうまで足を延ばせば新興大企業の下請けがたくさんありますし、商店街も町によって千差万別なんですよね。下町の活気ある庶民的な商店街もあれば、山の手には富裕層向けの高級店もあるわけです。現場を足しげく回らなければ、人々の息遣いをつかむことはできません。

佐藤　非常に重要な視点です。いま山口代表がおっしゃったようなことは、国会議事堂がある永田町や霞が関（中央省庁）ばかりにこもっていては、絶対にわかりません。きちんとした外交官は、任国に赴任したあと社会のトップから民衆の裾野までくまなく入りこみます。いかに民衆の裾野にまで入りこむかが、外交官に問われる真価なのです。
この点は国会議員でも同じではないでしょうか。公明党の議員は上でふんぞり返っているのではなく、民衆の裾野に自ら飛びこんでいくのです。

旧ソ連で学んだ外務省職員の現場主義インテリジェンス

佐藤　私が外交官時代、尊敬する先輩から次のように指導されました。「佐藤、モスクワに来たら一年間は自動車を買うな。公共交通機関だけで移動しろ。それから極力外貨店を使うな」と言うわけです。

山口　なぜそのような指導をされたのですか。

佐藤　大使館で勤務につくようになった場合は、クルマをもっていなければ人に迷惑をかけます。外貨店を使わなければ、行列に並んで無駄に時間を使ってしまうわけです。でもその先輩は、「モスクワ大学の食堂に出かければすぐ食事が出てくるし、最低限のカロリーは取れる。佐藤は研修生なのだから、極力ロシア人に近い生活を一年間やってごらん。そうすれば見えるものが変わるよ」と教えてくれました。

山口　なるほど。黒塗りの専用車に乗っているだけでは、民衆の生活の実態が見えないというわけですね。

佐藤　そうです。その先輩はすべての研修生に同じ指導をしていたのですが、クルマを一年間買わなかったのは私だけでした。この先輩の指導を守ったおかげで、私はのちにロシア社会に深く食いこみ、あらゆる場所で人脈を広げる基礎を作れたのです。そして、後年モスクワ大学で教鞭《きょうべん》を執《と》ることまでできました。

町を歩いていると、どこに行ってもタバコを売っていないことに気づくわけですよね。「なんでタバコがないんだ」とロシア人に聞いてみると「アルメニアとアゼルバイジャンで紛争が起きているからだ」と言うわけです。「なんでそんなことが関係するんだ」「だってソビエト連邦ではタバコ作りは分業していて、フィルターはアルメニアでしか作っていないんだよ。アルメニアでフィルターが作れなくなったら、フィルターつきタバコは作れなくなっちゃうんだ」。こういうことは道を歩いていなければわかりません。

山口　なるほど。こうして得た町の声が、外交官としての生きた国際情勢分析になるわけですね。

佐藤　次は、ある日突然塩がなくなります。ロシア人は「塩の生産が止まるんじゃないかという噂がある」と言うわけですよ。塩の次はマッチがなくなりました。社会の不安とはこういうところに現われることが、皮膚感覚としてわかるわけです。

モスクワで長く暮らしている外交官でも、地下鉄の乗り方がわからない人はたくさんいます。そういう人は、地下鉄に乗ろうとして切符売り場を探すのです。しかし、当時、ソ連の地下鉄は五カペイカの硬貨を入れれば乗れましたから、切符売り場なんてありません。また、地下鉄やバスは全部共通の回数券で乗れました。

ロシアでタクシーに乗るときには、後部座席に座ってはいけません。助手席に座るのです。こうした一般庶民の中では当たり前の習慣は、最初から自家用車に乗っている外国人には絶対にわかりません。こういう知識が、ふとしたときに外交官の仕事にプラスになるのです。

マクロ経済政策とミクロ経済政策は車の両輪だ

佐藤　多くの日本人は、経済の話をするときにマクロ経済政策(4)しか見ません。中長期的に重要なのは、マクロ経済政策ではなくミクロ経済政策(5)です。公明党の強さは、ミクロ経済政策にきちんと目を向けていることだと思うんですよ。軽減税率の話が典型です。

親が経済的に恵まれていない家庭で生きる子どもたちの名誉と尊厳を、どうやって維持していくのか。「オマエのところは給付金をもらっているだろう」と子どもたちがいじめられるような政策にしてはいけないわけです。

それから、公明党は経済の下支えとなる中小企業を支援しています。こうしたミクロ経済政策に地道に取り組むことによって、五年、一〇年、一五年、二〇年……と長い時間をかけて、経済成長の下支えと底支えができていくわけです。

山口　マクロ的な話をしていれば、大きな経済の議論をしているように錯覚してしまうのでしょうね。

佐藤　そのとおりです。だけども、公明党がミクロ的な話にこだわると役人は「瑣末な現象にとらわれすぎだ」という反応をするんじゃありませんか。

山口　でもミクロ的な経済政策から目を背けてしまったら、現場にフィットして大衆から信頼される経済政策にはならないわけです。逆にもし公明党の所属議員が地方議員しかいなければ、国全体や国際社会からの視点が十分に働かないかもしれません。

公明党には市区町村議会、都道府県議会、そして衆参両院に約三〇〇〇人もの議員がいます。この「チーム３０００」が協力して政策のサイクルを作っているおかげで、マクロ的な政策とミクロ的な政策の両方に目配りしながら、バランスの取れた政策体系を形成できるのです。

佐藤　よくわかります。

人を「能力」で比較せず「適性」を重視する公明党の目線

佐藤　最近はやっている飲食チェーン店にときどき出かけるのですが、そこのスタッフの名札には夢を書く欄《らん》があるんですよ。彼らの多くは、将来の夢の欄に「事務員」と書いています。二〇歳前後の若者が「会社の中でいずれは責任者に就きたい」とか「技術者として尊敬されるようになりたい」といった大きな夢を描けずにいるのは、寂しく感じました。

その点、公明党の皆さんは常に現場を回って若者と語り合い、彼らを激励して夢を与えているように思います。公明党は民衆から遊離《ゆうり》しません。山口代表と会った若者は「山口さんは自分のような若者にも声をかけてくれた」とうれしい気持ちになりますし、何十年経ってもそのことを忘れないのではないでしょうか。

山口　バブルが崩壊してから、日本の中小企業は「失われた二〇年」という厳しい時代を過ごしてきました。「三つの過剰（設備、雇用、債務）を解消しよう」という暗いスローガンが叫ばれた時期もあります。そんななか、若い人たちは次第に大きな夢を描けないようになっていってしまいました。

「事務職に就きたい」「落ち着ける場所で働きたい」といった小さい夢ばかりではなく、「自分自身の持ち味を最大限に発揮できる仕事をしたい」と大きな夢を描いてほしいと思います。仕事に一生懸命打ちこみ、世の中に貢献したい。自分が生きた証を示したい。若い人たちがそう思える社会の構築を、私たち公明党は目指しています。

佐藤　人間主義の価値観をもっている公明党の人たちは「能力」よりも「適性」を重視する傾向がありますよね。弁護士や学者になる適性がある人もいれば、オカネを作るのがうまくて金融業に適性がある人もいます。モノを作ったり料理を作る適性がある人もいれば、子どもの保育を一生懸命やる適性がある人もいる。公明党は人の多様な適性を認め、上下関係をつけて評価しません。

公明党は能力主義、出世主義じゃないんですよ。人の適性を生かし、適材適所ですべての人々に活躍してもらう。これが他の政党とは違う公明党ならではの魅力ではないでしょうか。

山口　「働く」には、「傍《はた》を楽にすること」という語源があると聞いたことがあります。自分のまわりにいる人に利益を与える。まわりの人を楽にしてあげる。これこそ仕事をするうえで最大の生きがいになりますし、固定的なステイタス（地位）や金銭を得ることが人間にとって最大の価値ではありません。

佐藤　公明党にしても支持母体の創価学会にしても、プライベートジェットを乗り回しているカネ持ちなんて全然尊敬されませんよね。公明党や創価学会が重視する価値観は、金銭やステイタスなんかとは別の場所にあるわけです。

中小企業には「無私《むし》の精神」で人のために働いている素晴らしい人がたくさんいます。その中小企業の声に耳を傾け、国会でその声を伝える仕事は公明党にしかできません。なぜなら、公明党がもっとも中小企業の現場を知っているからです。日本の中小企業にとって、公明党の存在は大きな心の支えになるのではないでしょうか。

国民一人ひとりに目を向けた「心の景気対策」

佐藤　山口代表のお話をうかがいながら、軽減税率にはものすごく重要な哲学的側面があることに気づきました。

それは「社会の分断を避ける」ということです。民主党の一部の人たちは「軽減税率は低所得者対策にならない」「富裕層が高級なお肉を買ったときにも軽減税率を適用するのか」などと「ためにする論理」を展開していますが、もし軽減税率を実現しなければ「社会の分断」が起きてしまうのです。

山口　おっしゃるとおり、軽減税率は高額所得者も生活に困っている人も区別せず、あらゆる消費者を対象に適用します。しかし、所得が低い人ほど軽減税率で痛税感が緩和される効果を得られるわけです。

「高額所得者にまで軽減税率を適用する必要はない」と主張する人もいますが、高額所得者ほど所得税や住民税で大きな負担が課せられているわけですから、全体としてバランスが取れています。

「大衆を区別しない」「大衆を差別しない」。これが公明党の発想であり、公明党ならではのモノの見方です。

佐藤　公明党の中道主義は、イデオロギーや階級の違い、所得の差によって社会を分断しません。「社会の分断」を克服する哲学的側面が、軽減税率には込められているのです。

山口　二〇一四年一二月の衆議院総選挙で、自民党も公明党も軽減税率を公約に掲げて選挙を戦いました。その自公を国民が支持したにもかかわらず、国民の期待を実現しない政治であってはいけません。

佐藤　そのとおりです。

山口　公約を実現しなければ、国民の期待を裏切ることになります。国民が望むことを謙虚に真摯に実現していこうという政治姿勢によって、軽減税率が生まれました。私たちは一部の低所得者だけでなく、あらゆる消費者に目を向けています。すべての人々が安心できなければ、消費が伸びて経済に良い効果は現われませんからね。なにしろ所得が高い人たちは、多額の所得税や住民税と消費に応じた消費税を払っているわけです。

佐藤　第二次安倍政権が成立してから、一三年度の税制改正によって所得税の最高税率は四〇%から四五%に上がりました。

山口　低所得者も高額所得者も含め、すべての国民に安心感を作り出す。税制に対する信頼感を高め、消費を落とさない。国民全体にそうしたメッセージを明確にする、いわば「心の景気対策」が大事なのです。

佐藤　「心の景気対策」、これは琴線《きんせん》に触れる言葉ですね。人間は心をもった存在ですから、冷たい経済であってはいけません。将来に不安があれば、消費が冷えこむのは当然です。「公明党が連立与党の中にいる限り、将来に関しては大丈夫ですよ。福祉においても妙な取りこぼしはありません。どうぞ安心してください」。こうした「心の景気対策」が可視化された好例が軽減税率です。

山口　財務省の官僚には「心の景気対策」など及びもつかないでしょう。だけど政治はそうであってはなりません。

佐藤　よくわかります。人間主義の哲学を体した公明党の議員だからこそ、「心の景気対策」を具体的に形にできるのです。

なぜ公明党が「心の景気対策」や中小企業対策にこだわるのか。「同じ人間なのだから当然じゃないか。大企業の経営者に限らず、誰もが尊厳と名誉をもって生きる権利があるのだ」という人間主義が根底にあるからです。

「中小企業対策なんて政府が一生懸命やる必要はない。市場原理に対する余計な干渉になる。ダメな中小企業は淘汰《とうた》されていけばいいのだ。淘汰が起きれば再編が起きる。自力で生き残れない中小企業を長生きさせて何になるのか」。このような理屈は、人々の生活と現場の声を知らない机上の空論なのです。

政党助成金と歳費で蓄財しようとする浅はかな政治家

佐藤　心に踏みこむ政治をあえて打ち出したのは、公明党が初めてかもしれません。我々はいままで、あまりにも心の領域を過小評価しすぎたと思います。年末になると、なんとしても五人の国会議員をかき集めて少しでも政党助成金(6)を取ろうとする人がいますよね。

山口　そうですね。政党助成金の配分を決める時期が近づくと、年中行事のように議員の離合集散が始まります。

佐藤　多くの政党は、公党でありながら離党希望者に簡単な聴聞《ちょうもん》すらしません。公募によって議員になった以上は、公募のプロセスも含めて党の責任が問われるわけです。

問題を起こした議員の離党届など、簡単に受理するものではありません。「あなたはウチの党の名前で選挙に当選したのだろう。どうしても離党するというなら議員辞職してもらう」と説得することなく離党を認め、他の政党にあっという間に鞍替えさせるべきではありません。少なくとも除籍にするべきです。変な議員が出てしまったときには「二度とこういう人は選びません」と党として徹底的に反省し、国民に反省を表明するべきではないでしょうか。

どう見ても、政党助成金をもらうためだけの数合わせとして徒党を組んでいる議員もいます。スキャンダルが問題になり、もはや国会議員としてろくな仕事ができるわけもないのに、ギリギリまで議員の職に居座って歳費（給料）を蓄えているだけの議員もいます。

山口　歳費や立法事務費、政党助成金の取り合いみたいになっていますよね。

佐藤　ええ。あれは実にみっともない。そういういい加減な議員の思いが透けて見えるから、次の選挙で落選するわけです。政治が人間の心にあえて踏みこまない限り、このようなみっともないカネの奪い合いをなくすことはできません。

公明党の「与党化」と「プレイヤー化」

佐藤　一昔前までの公明党は「福祉において無視できない存在」でした。それ以外の分野においては、なかなか政治の主たるプレイヤーになりきれなかった側面があります。ところがこのところ、様子がだいぶ変わってきました。

安倍総理は二〇一五年八月に「戦後七〇年談話」を発表したわけですが、ここでも公明党は決定的な役割を果たしたと私は見ています。もし公明党が連立与党の中にいなければ、もっと歴史修正主義的な談話になったのではないでしょうか。

山口　中国や韓国の人はまさにそう見ていました。

佐藤　本書第二章で語り合った平和安全法制においても、公明党はプレイヤーとして論戦を主導しました。まさに公明党の尽力で、日本に実質的な平和が担保されたわけです。南沙諸島で不穏な雰囲気が漂っているからといって、軽々な政治判断によって海上自衛隊のP‐3C哨戒機を飛ばすことはできなくなりました。外交・安全保障という国家の重要政策についても、公明党はプレイヤー化したわけです。

そして消費税をめぐる議論においても、公明党は見事にプレイヤーとしての役割を果たしました。税制や経済政策は国家の基幹中の基幹です。ここにおいても、自民党は公明党の存在を無視できなくなった。非常にけっこうなことではないでしょうか。

山口　「五五年体制」[7]と呼ばれる日本の政治では、保守勢力の自民党と革新勢力の日本社会党という二大政党が、激しくイデオロギーをぶつけ合ってきました。そのイデオロギーが戦後日本の外交・安全保障、経済政策、労働運動にも影響を及ぼしてきたわけです。

高度成長期になると人々が農村部から都市部へ移動し、新しい産業が生まれました。都市化が進むと、保守勢力ないし革新勢力のイデオロギーにハマらない人々が数多く誕生してきたわけです。新しい時代特有の悩み、課題、苦しみに直面しながら、彼らの声をすくい上げる受け皿がなかった。

佐藤　そこで右でも左でもない中道を行く公明党が、そうした人たちの声に耳を傾けてきたわけです。

山口　都市部に団地を造り、公害をなくし、子育てを支援してほしい。こういうまことに現実的な訴えをストレートに受け止め、イデオロギーには左右されず政策を実現していく。そういう役割を担ったのが公明党です。

与党に参画するようになってから一〇年、二〇年という時を経るにつれ、その公明党の役割は歴史認識問題、外交・安全保障、経済財政政策にまで大きな影響を及ぼすようになってきました。公明党の使命はますます重く大きいのです。

(1) **社会保障と税の一体改革**　二〇一二年八月、民主・自民・公明の三党により社会保障関連の法律を八本可決。消費税は一四年四月から八％に、一五年一〇月から一〇％に引き上げることが決まった。（後者は延期）

(2) **アベノミクス** 二〇一二年一二月に政権を奪還した安倍総理が掲げる経済政策。①金融政策、②財政政策、③成長戦略という「三本の矢」を放ち、デフレと円高から脱却。名目経済成長率三%を目指す。

(3) **リーマン・ショック** 二〇〇八年九月、アメリカの証券会社リーマン・ブラザーズが破綻。これが引き金となり世界同時金融危機が拡大。アメリカでは三大自動車会社「ビッグスリー」が危機に陥った。

(4) **マクロ経済政策** インフレやデフレ対策、中央銀行の金融政策といった国家レベルの経済政策。イギリスの経済学者ケインズ(一八八三〜一九四六年)が打ち立てたケインズ経済学が柱となる。

(5) **ミクロ経済政策** 一企業や家計といった小さな単位の経済政策。市場での需要と供給のバランス、個人レベルにおける消費行動、価格操作といった細かい点を考えるため、マクロ経済とは対照的。

(6) **政党助成金(政党交付金)** 議席数や得票率に応じて国から政党に公費を与える制度(総額三二〇億円)。「政治とカネ」の問題を解決するため、一九九四年に導入された。日本共産党だけが受け取りを拒否している。

(7) **五五年体制** 一九五五年、革新派が日本社会党として統一。保守派は自由党と民主党が統一し、自由民主党が成立した。これによって生まれた二大政党制は三八年間続き、九三年に崩壊した。

第四章——福祉の党「公明党」が描く日本の未来

「福祉の党＝公明党」の原点

佐藤　公明党は古くから「福祉の党」と呼ばれてきました。公明党が一九六四年一一月の結党以来、とりわけ福祉に力を入れてきた理由について教えてください。

山口　公明党が結党された六四年といえば、まさに高度成長期（前期）のまっただ中です。戦後の荒廃から立ち上がった日本は、東京オリンピック（一九六四年一〇月に開催）前後にものすごい勢いで経済成長していきました。あまりにも成長の勢いが速すぎたため、日本社会のあちこちに深刻なひずみが生まれています。

住宅が不足する。交通渋滞や事故多発、公害などによって生活環境が悪化する。ベビーブームによって増えた子どもの教育環境が十分整っていない。子育ての条件も悪い。大衆が抱えているこうした諸問題について、当時の政治家は誰も真剣に取り上げようとはしませんでした。保守層に支えられた政権政党である自民党と、官民の労働組合に支えられた階級政党である日本社会党が対決するなか、大衆のニーズが二大政党の狭間《はざま》に埋もれていってしまったのです。

佐藤　一九五五年に生まれた「五五年体制」によって、五〇年代後半以降の日本では自民党と社会党という二大政党が民意を結集していました。これら二つの政党ではとらえきれない民意を、第三の政党・公明党が丹念にすくい上げてきたわけです。

山口　公明党は現場の生の声、人々の生活の実態をつかみ、具体的な政策へと高めていきました。そして結党から一二年後の七六年、高度成長期（後期）に「福祉社会トータルプラン」[1]を発表するのです。高度成長期が終盤にさしかかった時点で、公明党は社会のひずみを本格的に修正しようと提言しました。

かつては「福祉なんて政府がごく一部の困窮者《こんきゅうしゃ》だけに与える恩恵にすぎない」と言われていたものです。公明党の粘り強い訴えと具体的な「福祉社会トータルプラン」の打ち出しにより、ようやく日本でも「福祉は誰にとっても必要な政策だ」と意識されるようになりました。

「福祉社会トータルプラン」は、公明党議員だけが考えた思いつきの発想の集大成ではありません。研究者や専門家の知見を結集し、現場の声を存分に入れこんで作った画期的な政策集です。「福祉社会トータルプラン」は、その後の日本の福祉政策をリードする大事な指標となりました。草創期の公明党は、安全保障でも経済政策でもなく、一番苦しんでいる人のためにまず第一に福祉に取り組んだのです。

公明党が実現した小中学校への教科書無償配布

佐藤　いまの若い人たちは、小学校や中学校で教科書をタダで配られることは当たり前だと思っているかもしれません。かつて教科書は各家庭がオカネを出して買わなければなりませんでした。教科書の無償《むしょう》配布という重要な政策を実現したのは、じつは公明党です。

本書第一章でも触れたとおり、創価学会は一九五四年一一月に「文化部」という政治支援部門を設置しました。そして五五年四月の統一地方選挙で、初めて地方議員を誕生させています。五六年七月の参議院選挙では、大阪で元プロ野球選手の白木義一郎氏が初当選しました。その後、全国各地で生まれた議員によって公明政治連盟を結成しています（六一年一一月）。教科書の無償配布は、公明党が地方選挙に進出した時代からの悲願でした。

山口　教科書の無償配布は、「福祉の党」としてどうしても実現しなければいけない政策でした。義務教育というからには、誰もが等しく教育を受けられるように、教科書は無料で配布するべきではないのか。公明党は、教科書を買うのも困難な家庭にまず目を向けていたわけです。

六三年三月、状況は大きく動きました。公明政治連盟の故・柏原ヤス参議院議員[2]が国会で教科書無償配布を強く訴えると、池田勇人総理[3]がとうとう首を縦に振ったのです。当時の政府は消極的だったわけですが、公明党の訴えを受け、六三年度から教科書無償配布は段階的に始まりました。そして六九年度には、すべての小中学校の児童・生徒に無料で教科書が配られるようになったのです。

佐藤　私は外交官時代、ソ連に赴任していました。ソ連は社会主義国なので教育費が無料だったのですが、教科書はタダでしたが、配布ではなく、学校から貸与されていたのです。ソ連の教科書は、最後のページに五つくらい名前を書きこむ欄があるのですよ。教科書に書きこみをしたいときはペンではなく鉛筆を使い、学年が替わる時期になると書きこみは全部消しゴムで消さなければなりません。

山口　教科書は子どもたちに渡しきりではなくて、学校に返して一学年下の子どもたちが再利用するのですか。

佐藤　そうです。だから名前を書く欄がいくつもあるのです。教科書を自分のものにできるということは、すごく重要だと思いませんか。教科書が自分のものであれば、どんなに書きこみを増やしたって、ボロボロになるまで学習したってかまわないわけです。勉強でつまずいたときに古い教科書まで戻って復習することだってできますし、自宅へ教科書をもち帰って自由に学習できます。

山口　新しい教科書をもらった子どもたちの顔は、「これから新しい学校生活が始まる」と誰もが明るく輝きます。自分だけの教科書を大事に使い、教科書に書かれている中身を自分のものにしようという学習意欲が高まるわけです。教科書の無償配布は困窮世帯を救うことにもなりますし、子どもたちの教育に計り知れない役割を果たしています。

佐藤　教科書をタダでもらえることの意味を、日本人は過小評価しているように思います。いまでは当たり前のことになってしまいましたからね。草創期の公明党は、子どもたちの教育のために極めて重要な成果を上げました。

一九六〇年代から他党に先駆けて児童手当を実現

佐藤　「福祉の党」公明党が取り組んできた政策は、教科書の無償配布以外にもたくさんあります。児童手当も特に有名です。

山口　おかげさまで、多くの支持者から「児童手当と言えば公明党」と言ってもらえるようになりました。児童手当は、まさに高度成長期の福祉政策の象徴です。ベビーブームの時代に子どもがたくさん生まれたものの、親の所得がなかなか教育まで回らない。個人の力だけでは子育てが難しいのであれば、社会が子育てするべきではないのか。そこで公明党は児童手当の創設を考えつきました。

初めて児童手当が実現したのは、千葉県市川市と新潟県三条市です。両市の公明党議員が奮闘し、一九六八年四月に自治体としては初めて児童手当がスタートしました。同年には公明党が国会で児童手当法案を提出し、七二年に国の制度として児童手当が実現しています。

佐藤　二〇〇九年夏の衆議院総選挙を戦った民主党は、中学生まで一人当たりに月額二万六〇〇〇円の「子ども手当」を支給すると公約しました。

山口　民主党政権は児童手当を廃止したものの、財源の裏づけが乏しい「子ども手当」は破綻《はたん》しています。一二年一二月に公明党が再び政権を奪還すると、旧来の児童手当を再び復活させました。

佐藤　母子家庭や父子家庭で育った子どもは、共働きの家庭に比べると所得が低いため教育への支出が低くなりがちです。ドメスティック・バイオレンス（家庭内暴力）や虐待の被害に遭っている子どももいますし、教育を受ける権利があるにもかかわらず、十分受けられない子もいます。

生まれた状況に関わりなく、子どもたちが極力同じスタートラインに立って社会人生活を送れる。公明党はすべての子どもたちに手を差し伸べるため、児童手当を重視してきました。

一人親家庭や多子世帯への児童扶養手当を充実

山口　児童手当は子育て世帯すべてに向けた政策です。子どもが一人の世帯と、二人以上の子どもがいる多子世帯では状況はだいぶ異なってきますよね。一人親の家庭となると、いっそう状況は大変なわけです。

そこで公明党の訴えを受け、一九八五年から一人親の世帯に向けた児童扶養手当がスタートしました。第一子には月額で最大四万二〇〇〇円を支給し、第二子には月額五〇〇〇円が加算され、第三子以降についてはさらに月額三〇〇〇円が加算されます。

ただし、これだけで十分というわけではありません。そこで公明党は、二〇一六年八月から第二子以降の児童扶養手当（加算分）を一気に二倍増にすることを決めました。

佐藤　一〇年からは、父子家庭にも児童扶養手当の支給が開始されました。「お父ちゃんは稼ぎがいいのだから、父子家庭は母子家庭に比べて生活がラクだろう」と考える人もいるかもしれませんが、父子家庭には独特の大変さがあります。幼い子どもはしょっちゅう熱を出しますから、保育園から緊急連絡が入れば子どもを引き取りに帰らなければいけませんよね。するとお父さんは残業してまで働けなくなってしまいます。

会社側がいくら子育てについて理解してくれたとしても「こいつの家庭では常に何が起きるかわからない。出張仕事は頼めないな」と見なされ、さらには管理職への出世をあきらめなければいけなかったりするわけです。

山口　さらに公明党は、返還する必要がない低所得者向けの奨学金交付にも力を入れてきました。この「高校生等奨学給付金」[4]は一四年度からスタートしました。一五年度には対象を拡大して金額も増額し、一六年度からはさらに金額を拡充しました。また年収三六〇万円未満の多子世帯については、保育所や幼稚園の保育料は第二子が半額、第三子以降は無料としています。

年収二七〇万円未満の一人親世帯については、第一子、第二子ともに幼稚園や保育園を無料化し、年収三六〇万円未満の一人親世帯は幼稚園、保育園ともに第一子は半額、第二子以降は無料にしています。

佐藤　公明党の強さは、支持母体の創価学会のおかげだと思うのですよ。特に創価学会婦人部の皆さんは、近所で困っている家があればすぐに助けてあげますよね。学会員であろうがなかろうが、困窮している人には理屈抜きで手を差し伸べます。「みんなであの子を応援してあげようよ」という人間として当たり前の思いが、公明党の子育て政策に色濃く反映されているように思います。

山口　今後は夜間保育や病児保育、病後児保育にも力を入れていきたいと思います。また子育てや介護をしながらでも保護者さんが働けるよう、短時間労働を認める働き方の多様化も重要ではないでしょうか。フルタイムで働きたい人には、お子さんを無理なく預かってもらえる態勢を整える。夜間保育や病児保育、病後児保育を充実させ、仕事と子育てのマッチングを進めていきたいと思います。

「善き納税者を育てる」公明党の手厚い子育て対策

山口　時代が変化するにつれて、日本の経済成長は頭打ちになりました。低成長、安定成長期に入り、少子高齢化がどんどん進めば、時代に合った福祉政策が求められてくるわけです。

佐藤　一九九〇年代初頭にバブルが崩壊すると、日本は「失われた二〇年」と呼ばれる厳しい経済停滞の時代を迎えました。

山口　そうした時代の変化に合わせ、公明党は福祉政策の転換を図《はか》っていったわけです。そこで与党時代の二〇〇六年四月、公明党は「少子社会トータルプラン(5)」を発表しました。医療については国民皆保険制度がすでに実現しており、それに加えて〇一年一〇月から介護保険制度を完全実施しています。

高齢化については対策が進みつつあったわけですが、少子化にも手を打たなければ社会を維持できません。そこであえて「少子高齢化社会トータルプラン」ではなく「少子社会トータルプラン」としました。

佐藤　非常に重要な観点です。少子化と高齢化は別概念ですからね。我々はよく「少子高齢化」と言うわけですが、少子化と高齢化は本来、別概念の話なはずです。

山口　「少子社会トータルプラン」では、たとえば不妊治療や妊婦健診の充実、出産育児一時金の拡大を盛りこみました。三〇万円の出産育児一時金支給は、分娩費二四万円と育児手当金二〇〇〇円を統合して一九九四年に創設されています。これを二〇〇六年には三五万円に、〇九年以降は四二万円へと大幅アップしました。

また公明党は、子どもの医療費無料化も力強く推進しています。群馬県では公明党の奮闘により、〇九年一〇月から中学三年生まで医療費が完全無料化されました。しかも所得制限はありません。他の自治体でも、就学前児童や小学生を対象として続々と子どもの医療費無料化が進んでいます。

大きな財源を必要とするため困難な課題ですが、幼児教育の無償化にも突破口を開きました。

公明党は野党の時代から、これらの子育て政策の重要性を提唱し続けています。私たちが自民党と初めて連立政権を組んだのは一九九九年のことですが、当時の自民党には子育て支援の視点がまだ希薄《きはく》でした。自民党は「財源がかかりすぎる。幼児教育は親の責任だ」という発想だったわけです。

それから長年にわたって公明党が自民党と連立政権を組んできた結果、子育て支援策は自公両党の共通政策として明記されるようになりました。

佐藤　将来の日本人の納税する力を生み出すという観点から考えると、公明党の子育て政策は構造的な転換だと思います。幼児教育の無償化、子どもの医療費無料化、奨学金の充実には、もちろん人道的な観点が強いわけです。ただしこれらの子育て支援策は、単に人道的な意味があるだけではありません。現実に将来の日本人の納税する力を増やすことに直結するのです。

経済的に大変な家庭の子どもだったり、虐待やネグレクト（育児放棄）を受けた子どもは、社会に適応できなくなってしまったりするわけですよね。そういう子どもたちを含めて等しく十分な教育を受けられるようにし、社会に巣立っていってもらう。公明党の子育て政策は「善き納税者を育てる」ことに通じ、中長期的に見て日本人の納税する力を増やすことになるのです。

幼児・児童教育は「子どもの将来への投資」

佐藤　幼児教育期や義務教育期の子どもたちへの手厚いサポートは、中長期的に国の経済力を強化します。慶應義塾大学総合政策学部の中室牧子准教授（教育経済学）が書いた『「学力」の経済学』（ディスカヴァー・トゥエンティワン、二〇一五年）という本を読むと、子どもを投資対象として見ることについて、良い意味での利点が書かれているのです。国が教育に多額の予算を注ぐことは、将来のことを考えれば決して無駄な投資ではありません。

私は外交官時代、モスクワでソ連崩壊を経験しました。ソ連は社会主義国ですから、幼児教育も高校や大学も含め、公的教育は基本的に無償でした。人々はそれが当たり前だと思っていますから、ソ連が崩壊して資本主義社会のロシアになってから一部の高等教育機関では、多額の教育費が必要な態勢になりましたが、学齢期前、小中高学校の段階ではほぼ無償です。手厚い教育がロシア社会を強化していることは確実です。

公明党が子育て支援策に力を入れ、なるべく多くの予算を教育や子どもの医療に投入しようとしていることは、日本社会を強化します。公明党の子育て政策は短期的な目線ではなく、視野が長いのです。

教育経済学の分野からチェックを入れれば、公明党の子育て政策が、中長期的に日本に大きな経済効果を生み出すことを学術的に証明できるでしょう。「人を大切にする政策」は、経済的な観点から見ても大きなメリットをもたらすのです。

公明党の政策の基本には「労働は大きな価値を生み出す」「価値の源泉には労働がある」という哲学があります。公明党は、人々が生きがいをもって一生懸命働くことを重視しますよね。

山口　おっしゃるとおりです。この点はいかなる職業にも共通します。

佐藤　創価学会の戸田城聖第二代会長は常々「信心は一人前、仕事は三人前」と指導していたそうです。仕事はそっちのけで宗教活動ばかりやっている人は、創価学会では尊敬されないと思います。創価学会では働き者が尊敬されるわけです。株式投資の上前がたくさんあるおかげで左うちわで生活していたり、多額の蓄財があってプライベートジェットを乗り回しているような人は、創価学会では尊敬されないのではないでしょうか。

創価学会の人たちが重視する価値観は、拝金主義とは位相《いそう》が異なるわけです。ですから、支持母体が創価学会の公明党にはどこまでいっても人間主義が息づいています。公明党は机上の理論には振り回されません。理論なんて、所詮《しょせん》人間が作ったものです。人間主義に基づく子育て対策を進め、それが結果的に働き者を増やし、納税額を増やす。公明党流の福祉政策は、財源面でも日本社会を底支えしていくのです。

新時代に打ち出した「新しい福祉社会ビジョン」

山口　一九七六年の「福祉社会トータルプラン」や二〇〇六年の「少子社会トータルプラ

ン」の発展形として、公明党は一〇年一二月に「新しい福祉社会ビジョン[6]」を発表しました。経済成長が続く時代には、自助・公助・共助のうち自助を基本としつつ、政治が公助を強めてあげればよかったわけです。

経済成長が止まってデフレの時代が続くなかでは、自助・公助・共助のうち共助を特に大きくしていかなければなりません。個人の活動としては、ボランティア活動や市民活動を強化する。社会制度としては、医療・介護・子育てや公的保険制度の強化によって共助を促進していく。これからの時代はお互いの支え合い、共助がとりわけ大事であることを「新しい福祉社会ビジョン」では強調しました。

佐藤　一九九九年に与党になる前の野党時代の公明党は、自助・公助よりも共助のほうにウェイトを置いていたのではないでしょうか。

山口　そうかもしれませんね。

佐藤　与党になるなかで「新しい福祉社会ビジョン」は、それまでの公明党の福祉政策から大きく変化してきたのだと思います。野党時代と同じように共助の重要性を強調しながら、なおかつ　助・公助も重視する。政策を実現するにあたっては、「財源の壁」を現実的に突破する。財　ょ、基本的に与党の仕事です。公明党は責任政党として、財源の裏づけがある自助・公助・共助の政策について真剣に考えてきました。
山口　公明党は二〇〇九年九月に野党になりました。「新しい福祉社会ビジョン」を作ったのは、公明党が野党時代のことです。
佐藤　公明党が野党に陥落したのは一時的なものであって、流れとしては民主党政権時代もずっと与党的な考え方であり続けました。「新しい福祉社会ビジョン」は、与党時代の民主党のお株を奪う稀有《けう》な野党ビジョンだったのです。

「子育て世代包括支援センター」を全国に張り巡らせる

山口　福祉大国フィンランドでは「ネウボラ」と呼ばれる手厚い育児支援が整っています。日本の若い世代は親と同居していないケースも多いですし、親や近隣の年長者が培ってきた子育ての智恵が、あとの世代まで十分継承されない問題があるわけです。
そこで子育てについて何でも相談し、お母さんが育児ノイローゼになったときにはしばらく滞在しながら子育てをサポートしてもらう「日本版ネウボラ」（子育て世代包括支援センター）をつくることにしました。

「日本版ネウボラ」は二〇一五年に一五〇カ所が整備され、二〇年には全国すべての自治体に一カ所以上つくって充実させていきます。

地域の実情を生かした多様な取り組みが可能です。施設を設けて、相談員を置けばいいというのではなく、センターを拠点に、各種子育て関連機関や民間ボランティアなどと連携し、地域のネットワークを形成していくことが大切です。埼玉県の和光市や三重県の名張市の取り組みが参考例として挙げられています。

なかには、東京の世田谷区にある「産後ケアセンター桜新町」のような時代を先取りするすごい施設を早くから整備したところもあります。ここでは母と子が揃って宿泊もできます。

佐藤　世田谷の施設はいつごろ整備されたのですか。

山口　世田谷区と武蔵野大学が共同運営するこの施設は、〇八年三月にオープンしました。センター開設を後押ししたのは、公明党の栗林のり子・東京都議会議員です。センターは一五床あり、産後四カ月未満の母子が利用できます。

日帰りだと食事つきで二万一一〇〇円、宿泊だと二四時間態勢で助産師がつき、料金は一泊二日で六万五八〇〇円です。しかも一流ホテルなみのたいへん快適な施設なのです。

佐藤　二四時間態勢のサポートつきでその値段は、決して高いとはいえませんね。

山口　世田谷区が料金の大部分を負担するため、利用料を大きく下げることができました。世田谷区にはほかにも二四時間対応の保育園もあります。手厚い子育て支援を進めた結果、〇二年に〇・七七だった世田谷区の合計特殊出生率（一人の女性が生涯に生む子どもの数）は一・一〇まで回復しました。（一四年）

手厚いケアを受けたお母さんが、元気いっぱいになってまた子育てに戻っていく。世田谷区はやや特殊ですが、さまざまな成功事例を全国にどんどん広げ、各地で自信をもって子育てしていただきたいと思います。なにしろ産婦人科が一つもない町や市があるわけですから、現状を放置しておくわけにはいきません。

佐藤　私は北海道に御縁があってよく出かけるのですけれども、根室市など産婦人科が一軒もありません。

山口　そういう自治体があちこちで増えているのです。昔は一〇軒も産婦人科があったのに、いまはゼロ。そういう地域では、三〇キロも五〇キロも離れた県庁所在地まで出かけなければお母さんが子どもを産めません。

佐藤　出産後に自分の家へ帰ってきても、健診に行くのも一苦労です。

山口　「日本版ネウボラ」のようなセンターが各地にできれば、地域で安心して出産・子育てに取り組めます。

「小さな拠点」づくりは、公明党の太田昭宏前代表が国土交通大臣だった時代（一二年一二月〜一五年一〇月）に力を入れた構想です。たとえば、自治体が整備する「道の駅」。地域の交通の要衝《ようしょう》にありますよね。そこに福祉や教育など、いろいろなサービスを集めてしまうのです。給油と食事と物産だけの拠点ではなく、近隣の人たちが何でも用を済ませられるように、さまざまなサービスを一カ所に集中させる。

道の駅というすでにある拠点を生かし、隣接して複合サービス拠点を設ければいいわけですから、大きな箱物をあちこちに建設する必要はありません。すでにある建物を使い、徐々にサービスを充実させていけばいいのです。一つひとつはささやかな試みに見えるかもしれませんが、時間をかけて束《たば》にしていけば、地域全体の構造を変えていくことにつながります。この構想は、地方創生の推進策にもなるのです。

佐藤　山口代表がおっしゃることをうかがっていると、池田ＳＧＩ（創価学会インタナショナル）会長が書いた小説『人間革命』の「まえがき」にある一節を思い出します。

〈一人の人間における偉大な人間革命は、やがて一国の宿命の転換をも成し遂げ、さ

らに全人類の宿命の転換をも可能にする。[7]〉

公明党の哲学は、『人間革命』が打ち出した人間主義の価値観に基づいているのです。

デフレ経済脱却のためのアベノミクス成長戦略

山口　「少子高齢化に本気で立ち向かわなければいけない」というのは、民主党政権時代の与野党共通の目標でした。だから二〇一二年六月、当時与党だった民主党と野党の自民党、公明党は三党合意によって「社会保障と税の一体改革」を決めたのです。

ところが与党である民主党には、裏づけのある具体的な成長戦略がありませんでした。民主党は分配ばかりを強調し、観念的な消費税論ばかりを唱えていたわけです。一二年一二月に我々が政権を奪還してからは、まず最初に実効力ある成長戦略を打ち立てました。元手（税収）がなければ再分配はできませんからね。

安倍総理は一三年から一五年までの三年間かけて、デフレ脱却のために経済成長路線に重点を置く政策を発表しました。①大胆な金融政策、②機動的な財政政策、③民間投資を喚起する成長戦略――というアベノミクス「三本の矢」です。

佐藤　アベノミクスによって得た成果を、今度は少子化と高齢化対策のために分配していく。

山口　成長と分配のサイクルを恒常化していく。さらには大企業から中小企業へ、大都市から地方へと成長の果実を振り分けていく。安倍総理は一五年に「二〇二〇年GDP（国内総生産）六〇〇兆円」「希望出生率一・八」「介護離職率ゼロ」を目指そうといった目標――「新三本の矢」も発表しています。

公明党が野党時代に描いた「新しい福祉社会ビジョン」が、ようやく財源と経済成長の基盤を伴って実行できる体制が整ってきました。いまこそ公明党の出番なのです。

佐藤　中長期的な経済成長のために、福祉の充実は欠かせません。アベノミクスによって得た成果を、まるで企業が内部留保に努めるようにどこかに貯めこんでおいたところで仕方ないわけです。人々のために税収を効果的に分配する福祉政策は、じつは成長戦略と直結しています。

福祉について「選挙目当てのバラマキだ」と悪口を言う野党もいますが、あれは大きな間違いです。福祉は構造的な意味での成長戦略なんですよね。

山口　まさに「成長と分配の好循環」が必要なのです。公明党が描いた「新しい福祉社会ビジョン」は現実として進んできていますし、いまがチャンスととらえて皆さんに福祉の成果を示していきます。

社会保障費一一〇兆円の財源をどう確保するか

山口　当面展開していくべき福祉政策と社会保障政策は、すでに基礎ができあがりました。問題は財源をどう確保するかです。

一九九七年四月、消費税は三％から五％に上がりました。それから二〇年近くの間、日本はアジア通貨危機[8]（九七〜九八年）、ＩＴバブル崩壊[9]（二〇〇〇年代初頭）、リーマン・ショック（〇八年）など何度も深刻な経済危機にさらされています。にもかかわらず、五％の消費税はほとんど水平ラインで毎年約一〇兆円の税収をもたらしてきました。

佐藤　時代がどうブレようが、消費税の税収が所得税や法人税のように激しく上下することはありません。消費税は安定財源の象徴です。

山口　自公政権は、安定財源である消費税の税率を一五年四月に八％へ引き上げました。さらに一七年四月には一〇％へと引き上げます。一三年度の社会保障給付費（年金・医療・

介護など）は、過去最高の一一〇・七兆円に達しました。消費税や所得税、法人税などあらゆる税収や保険料によって、社会保障の財源を確実にまかなっていかなければなりません。

佐藤　財源の裏づけある公明党の社会保障政策に、私は大きく期待しています。「もう経済成長は終わったのだから、これからは限られた財源による分配の方法だけを考えればいいのだ」と後ろ向きに考えるのか。それとも「たとえ今後高度な経済成長がなかったとしても、リーズナブルな成長を模索しながら財源の問題を解決していくのだ」と前向きに考えるのか。

財源に対する公明党の考え方の根底には、人間に対する楽観主義があります。人間は労働によって、自分一人が食べていける以上の価値を生み出せる。労働によって価値創造できる。その価値創造の集積が、日本全体の成長につながる。こういう楽観主義です。

山口　高度成長期には税収がどんどん入ってきましたから、政治の仕事は分配を広げることに集中していればよかったわけです。でもいまは成長が止まり、財源が少なくなってきました。かといって、一度広げた分配を急に縮めるわけにはいきません。

「成長なき分配では必ず行き詰まる」という民主党政権時代の教訓にのっとり、第二次安倍政権は成長に力を入れてきました。同時に「日本はまだまだ成長し続けられる」という過剰な楽観主義に傾くのも無理がきます。

成長を目指すとともに、歳出《さいしゅつ》削減の努力をする。無駄な支出は極力減らしていく。効率の悪いところから効率の良いところへ歳出を移していく。こうした合わせ技によって、社会保障の財源を安定化させていくことができます。

佐藤　よくわかります。

山口　借金をゼロにすることは理想ですが、当面は国の借金を極力増やしすぎない。実入り（税収）に応じた支出にしていく。そういった調整を同時並行で進めることが、責任政党としての公明党の重要な取り組みです。

「税金を使う人」から「税金を払う人」へ 障がい者が働ける社会づくり

山口　先ほど佐藤さんが「教育には投資の面がある」「公明党の政策は善き納税者を増やす」とおっしゃいました。若い人や子どもを手厚く支援していけば、そのことがのちに大きな成果を生み出します。幼児期の教育を支援し、奨学金の無償化や無利子化を進める。

多くの子どもたちがいまよりも学びやすく、教育を受ける機会を広げられれば、やがて税収という形で「投資」が社会に大きく還元されるわけです。

公明党は「プロップ・ステーション[10]」という障がい者支援の社会福祉法人と協力し、働きたい障がい者、いつまでも元気な高齢者が働ける社会の構築を目指してきました。年齢や性別、障がいのあるなしに関係なく、すべての人が暮らしやすい社会を構築する。公明党は「ユニバーサル社会基本法案[11]」を制定するよう準備を進めています。

「プロップ・ステーション」の竹中ナミ理事長は、これからの障がい者は「タックス・イーター」（税金を使う人）から「タックス・ペイヤー」（税金を払う人）に変わるべきだと言います。

もちろん重度の障がいをもつ方は、社会が全面的に支援して支えなければいけません。そのうえで「自分も仕事をしたい」「社会貢献したい」と希望をもつ障がい者については、さまざまなスキルを身につけて自立してもらう。もっと言えば、自分の力で稼いで納税者になってもらう。「プロップ・ステーション」は、障がい者が「タックス・ペイヤー」になることを支援する活動を一生懸命やっています。

佐藤　教育も福祉も、ある意味で投資なのですよね。障がいをもつ人たちが生きがいをもって働き、自立していく。社会に貢献していく。

山口　自分の可能性を見出し、自信をもってのびのびと生きていけるようにする。障がい者であれ子どもであれ、お年寄りであれ、公明党の福祉政策の根本は「人間」に光を当てているのです。

佐藤　よくわかります。公明党はゼニカネの観点だけで「労働力が増えれば税収が増える」なんて乱暴なことを言っているわけではなく、人間の尊厳を重視しているのですよね。

山口　そこが大切なのです。

若者の雇用対策とブラック企業取り締まり強化

佐藤　本書第三章でも少し話題にのぼりましたが、若者の雇用と労務環境改善についてはどうですか。

山口　若い人たちは、長らく「就職氷河期」と呼ばれる厳しい時代を過ごしてきました。高校や専門学校、短大や大学を卒業した新卒者が、どうすればきちんと就職できるのか。公明党は全国各地に「ジョブカフェ[12]」という就職相談窓口を設置したり、卒業後三年まで新卒扱いにするよう企業に要望するなど、雇用対策を進めています。
第二次安倍政権が成立した二〇一三年から一五年にかけて、若者の雇用対策には一生懸命取り組んできました。この間、若者の就職事情はだいぶ改善されたと思います。じつは私の息子も、なかなか大変でした。

佐藤　山口代表の息子さんは何年生まれですか。

山口　昭和の終わりに生まれた世代ですから、就職事情が厳しい時期に当たりました。若者の声を政治に取り入れるため、公明党青年委員会は大学生や職業訓練の受講生、中小企業に聴き取りを進めて「若者雇用実態調査」を実施しています。（二一年一〇月）

一五年一〇月には、公明党青年委員会の提案を受けて「若者雇用促進法」（青少年の雇用の促進等に関する法律）が成立しました。この法律は、新卒者向けに幅広い情報を開示するよう企業に求めています。

労働基準法違反のいわゆる「ブラック企業」については、ハローワークでの求人申し込みを拒否することが可能になりました。また、若者の自立を支援する「地域若者サポートステーション[13]」も強化しています。

若者の雇用をめぐる状況は一見改善したように見えますが、雇用の質も変えていかなければいけません。「ブラック企業」については行政が厳しく調査し、問題がある企業は社会的制裁にさらして労働環境の改善を図ります。

「地方版ハローワーク」で地域に若者の雇用を生む

佐藤　本書第三章で山口代表がご紹介してくださいましたが、「地方版政労使会議」も地方の企業の雇用環境改善や賃上げに貢献しています。

山口　雇用環境改善や賃上げは使用者側と労働者側が話し合うのが基本ですが、それではなかなか話が進みません。そこで政府や地方自治体が、労働者と使用者の間に入って一緒に話し合うのです。さらに二〇一五年一二月、自治体による「地方版ハローワーク」を作ることが決まりました。

佐藤　ハローワークというと、いままでは厚生労働省の専管事項でしたよね。

山口　ええ。いままで雇用政策は国が中心であり、地方自治体による職業斡旋《あっせん》は認められませんでした。雇用にはローカルな特色がいろいろありますよね。そこで「地方版ハローワーク」を新設し、地域ごとのきめ細やかな職業斡旋を認めることにしたのです。

佐藤　若者と年長者の間に広がる世代間ギャップを、どうやって解消するかも重要な課題です。私は一九六〇年生まれですけれども、いまの若い人たちから見たら「佐藤さんはまだ右肩上がりの時代の良さを知っているではないか。我々は右肩下がりの時代しか知らないのだ」という不満があるわけです。若者の希望、やる気を生み出すために、山口代表はどうしていけばいいとお考えですか。

山口　花の種を植えれば花が咲きます。野菜の種を植えれば作物が実ります。木も苗を植えれば、やがて大きく果実を収穫できますよね。自分で何かを創り出したり生み出す仕事に、人はやりがいと生きがい、意欲を見出します。人間の生き方の基本に「モノを作る」ことを置く。これが重要ではないでしょうか。

佐藤　私もそう思います。単に農作物や畜産物を作るだけでなく、家具や機械を造る仕事もあれば、素晴らしいサービスを提供する仕事もあります。ＩＴの技術を駆使してソフト開発をするといった仕事にも創造力が求められるわけです。

山口　子育てにも創造力が求められますし、父親になる人にも母親になる人にも大きな希望が生まれます。じっと部屋に閉じこもって誰とも会話せず、ひたすらゲームをやっているといった消費的な生き方では創造力は開放されないでしょう。人と関わり、社会と関わりながら、仕事を通じて何かを創造していく。こうした愚直なまでの取り組みによって、人は計り知れない喜びを感じられるのではないでしょうか。

里親制度と児童養護施設が救う子どもたちの未来

佐藤　子育てについては、児童養護施設や特別支援学級の充実も大切な課題です。里親制度についてはどうお考えでしょうか。

山口　家庭で子どもを育てられない親御さんから子どもを引き取り、児童養護施設や里親制度などを通じてどう社会的に子育てを補っていくか。この点は二〇一〇年一二月に公明党が発表した「新しい福祉社会ビジョン」の中でも明記しています。

〈家族構造の変化や児童虐待、家庭内暴力といった問題を抱える家族の増加、うつ病や発達障がい、自殺の増加といった問題に対し、現状は社会保障制度を含め十分な対応ができていません。「新しい福祉」はこうした社会そのものの変化によって深刻化している課題に対応することの必要性を指摘するものです。〉

「新しい福祉社会ビジョン」では、さらに児童扶養手当法の改正による一人親世帯の支援、児童虐待の防止対策についても記しています。児童養護施設や里親制度については、次のように記述しました。

〈虐待予防のための乳幼児の母親のケアや里親による養育への財政支援などの充実に取り組みます。〉

〈子どもの状態や年齢に応じた適切なケアが実施できるよう、児童養護施設・自立支援施設などの人員体制・施設基準の在り方について抜本的な見直しを検討します。〉

虐待やネグレクト、引きこもりといった現代的な社会病理現象にも、しっかり現実的に対応していく。この公明党の方針に変わりはありません。

佐藤　手当てが遅れているこれらの諸問題に、公明党は民主党政権だった野党時代から鋭い目を向けておられる。強い感銘《かんめい》を受けます。

山口　虐待を防ぎ、危険にさらされている子どもは緊急に保護する。そのためには児童養護施設が充実していなければいけません。しかし、そうした施設の受け皿は必ずしも強くないわけです。ですから、児童養護施設はきちんと整えていこうと私たちは考えました。

多子世帯では「どうしても自分たちの力だけでは子どもを育てきれない」という悲痛な叫びがあります。かたやそういう子どもを引き取り、自分が親代わりになって育てたいという里親側のニーズもあるわけです。両者をマッチングするため、里親制度をもっと推進しようと公明党は目配りしています。

佐藤　一六年一月、二十歳の暴力団員が同居する内縁の妻の子どもに激しい暴力を加え、虐待死させる痛ましい事件が起きました。ちょっと巡り合わせが悪ければ、自分の身近にいる子どもがそんな悲惨な目に遭ったかもしれないわけです。こういうニュースを見ると、私はとても他人事とは思えません。

公明党の皆さんには、私が感じているのと同じ「他人事とは思えない」という人間的な生の感情がみなぎっています。ほかの政党には、児童養護施設や里親制度を充実させ、本気になって児童虐待やネグレクトの問題に対応していこうという切迫感は感じられません。

このあたりの目配りのよさも、私が公明党ファンになった大きな理由の一つです。公明党の議員には、根底に人間主義の哲学があります。だから児童虐待やネグレクトのような問題が起きたとき、打てばすぐに響くのです。

山口　児童虐待は家の中で密かに起こりますから、外部からはなかなか目につきません。光が当たらないこうした深刻な課題についても、公明党は闇夜をサーチライトで照らすように真剣に光を当てていきます。

(1) **福祉社会トータルプラン**　一九七六年、当時野党だった公明党が、日本で初めて総合的な福祉政策「福祉社会トータルプラン」を発表。このプランが、以後の日本の福祉政策の方向性を決めることになった。

(2) **柏原ヤス**　一九一七〜二〇〇六年。一九五六年に参議院選挙（東京選挙区）に初出馬するも惜敗。五九年、二度目の挑戦で初当選（当選四回）。参議院・科学技術特別委員長などを歴任した。

(3) **池田勇人**　一八九九〜一九六五年。大蔵事務次官を経て四九年に衆議院議員（当選七回）。サンフランシスコ講和会議の全権委員。総理大臣として高度成長期に「所得倍増計画」を推進した。

(4) **高校生等奨学給付金**　「子どもの貧困」問題に対処し、教育機会の平等化を推進するため、二〇一四年度からスタートした。低所得世帯、生活保護受給世帯の高校生に最高で年額一三万八〇〇〇円を給付。

(5) **少子社会トータルプラン**　二〇〇六年四月、公明党は「チャイルドファースト」（子ども優先）社会を目指す「少子社会トータルプラン」を発表。不妊治療への助成、認定こども園の拡充、子育て支援などを提言。

(6) **公明党「新しい福祉社会ビジョン」（中間とりまとめ）**二〇一〇年一二月一八日、全文は以下のURLで公開　https://www.komei.or.jp/policy/various_policies/pdf/socialsecurity_policy.pdf

(7) 池田大作『人間革命』第一巻（聖教ワイド文庫、聖教新聞社、二〇一三年、八頁）

(8) **アジア通貨危機**　一九九七年七月、タイを皮切りに発生。通貨危機はインドネシア、韓国、香港やマレーシアなどへ波及し、IMF（国際通貨基金）や日本の努力により九八年半ばにようやく収まった。

(9) **ITバブル崩壊**　一九九九年、アメリカのIT企業はバブル景気に沸いた。ところが二〇〇〇年にバブルは崩壊。韓国や香港、ドイツやフランスなど世界中に影響は波及。日本も深刻な景気後退に苦しんだ。

(10) **プロップ・ステーション**　神戸の社会福祉法人。「プロップ」(prop)とは「支え合い」という意味。パソコンやIT技術を駆使して、チャレンジド(障がい者)の就労と自立支援、雇用創出をサポートする。

(11) **ユニバーサル社会基本法案**　福田康夫内閣は社会保障国民会議を立ち上げ、障がい者の社会参画を進める「ユニバーサル社会基本法案」の成立を目指した。二〇〇八年九月に福田内閣が崩壊し、法案は棚上げに。

(12) **ジョブカフェ**　若者の雇用を支援するため二〇〇四年に設置。就業相談やカウンセリング、セミナーなど雇用に関するサービスを一カ所でまとめて受けられる。一六年現在も四六都道府県に設置中。

(13) **地域若者サポートステーション(サポステ)**　厚生労働省の事業として二〇〇六年に立ち上げ。就労に悩む一五〜三九歳の若者と保護者を対象に、就労相談やカウンセリング、職場見学などを無料で実施する。(全国一六〇カ所)

第五章——地方創生と震災復興

公明党が目指す地方創生とは何か

佐藤　安倍総理は二〇一四年から「地方創生」を旗印に掲げています。一四年九月には政府に「まち・ひと・しごと創生本部」[1]が発足し、石破茂さんが初代・地方創生担当大臣に就任しました。公明党は「人が生きる、地方創生。」というスローガンを打ち出して、一五年春の統一地方選挙を戦いましたね。公明党が考える地方創生のあり方について教えてください。

山口　江戸・明治期から一九六〇～七〇年代の高度成長期に至るまで、日本は各地域がそれぞれ独自のローカル文化、ローカル生活圏を形成してきました。もちろん江戸・明治期にも都市部には大勢の人が暮らしていたわけですが、地方にも満遍《まんべん》なく人が分散していたわけです。

ところが高度成長期に経済の中央集権化が進むと、地方から都市部に、出稼ぎに行く人や集団就職などによる移住者が増え、核家族化が進んでいきました。

佐藤　おじいちゃんやおばあちゃんも子どもや孫と同居する「サザエさん型」の家庭が減

り、子どもは故郷から都会へ移住して別の家で暮らすようになりました。

山口　その分徐々に地方の力が削がれていったわけです。高度成長化が進むなか、国土開発を計画的に進めて、地方の経済拠点をちゃんと維持・継続できればよかったとは思います。九〇年代、二〇〇〇年代になるとグローバル経済の波がすさまじい勢いで押し寄せ、日本の地方、かつての企業城下町は疲弊していきました。

農業や水産業といった第一次産業は世界との競争にさらされ、国際企業は海外へ進出して工場や拠点を移転していったわけです。少子高齢化・人口減少の流れとともに、このままでは日本の地方が消滅してしまいかねない。そうした強い危機感のもと、自公連立政権は「地方創生」というスローガンを全面に押し出しました。

公明党が重視するのは、あくまでも地域で生きる「人」です。町を造ればいいとか、商店街を整備すればいいというハード面だけに公明党が焦点を当てているわけではありません。地方で生きる「人」とソフトパワーが輝いていかなければ、地方創生は画竜点睛《がりょうてんせい》を欠いてしまいます。

佐藤　全面的に賛成です。

山口　地方の「稼ぐ力」と経済成長力を育てるためには、総合的な知を結集しなければなりません。すべてを税金でまかなおうという発想ではなく、産官学金（産業界・行政・大学・金融機関）が連携する必要があります。ＰＦＩ[2]（Private Finance Initiative）と言いますけれども、公共施設や社会インフラの管理・維持を官から民へ移管するのもいいでしょう。

本書第四章で触れたとおり、「地方版政労使会議」や「地方版ハローワーク」によって地域の仕事を支援する。都市と農村の交流人口を増やし、インバウンド（外国人観光客）を地方へどんどん呼びこむことも重要です。すでに地方にある民間の力を国や自治体が牽引し、教育や福祉、社会保障を今後も維持できる社会を作っていく。繰り返しになりますが、焦点はあくまでも「人」です。

日本には現在、空き家が全国に八二〇万戸[3]もあると言われています。地方自治体が「空き家バンク」というウェブサイトを作り、安い家賃で長期滞在させて移住を促進する取り組みがすでに始まりました。暑い季節が苦手な人は、夏の間三カ月間は北海道へ移住する。反対に温暖な気候や海が好きな人は、沖縄や離島へ移住する。都市と農村の間での、新しい長期滞在型交流をさらに推進していきたいと思います。

「企業版ふるさと納税」で地域を活性化

山口　二〇〇八年五月から、自分の出身地に限らず全国の地方自治体に寄付して税額控除を受けられる「ふるさと納税」がスタートしました。

佐藤　「ふるさと納税」した分は、所得税や住民税が控除されます。控除の限度額は一割だったのですが、一五年から二割に引き上げられました。私の母親が沖縄の久米島出身なので、私も毎年久米島に「ふるさと納税」をしています。

久米島の場合、自分が払った税金を何に使ってほしいか三択で選べるのですよ。①子どものために使う、②高齢者のために使う、③町づくりのために使う——という選択肢があり、私はいつも①にマルをつけています。

久米島にある高校にヨソの島や沖縄から子どもがやってきたときには、かつては住民の家にホームステイしながら学校へ通っていました。「ふるさと納税」のような基金を使えば、町営の寮を造り、町が学習塾を支援する態勢を作れます。こういうことに自分の税金が使われていることが目に見えると、実感と喜びがあるわけです。

山口　一六〜一九年度の四年間かけて、新たに「企業版ふるさと納税」も認めることになりました。企業が地方自治体に寄付すると、金額の三割が控除されます。もともとあった控除措置と合わせると、全部で寄付金額の六割分が税金から控除されるのです。

企業の所在地に寄付すれば、もろに利害関係が発生してしまいます。ですから「企業版ふるさと納税」は所在地以外の地方自治体に限られます。

佐藤　企業が利益の一部を地方に還元し、地方の取り組みを応援できるようにする。おおいにけっこうなことではないでしょうか。

山口　私は昔『なっちゃんの挑戦　元気な東京元気な日本』（鳳書院、二〇〇〇年）という本を書いたことがあります。この本の中で「政策コンクールをやるべきだ」と提案したことがあるのですよ。

地方自治体が、市民の応援を求める政策のリストを作る。納税者は自分の納税額の一部を「この政策に使ってほしい」と寄付できる。そうすれば政策を作る側は住民のニーズを把握し、世の中のトレンドを理解しようと努めます。納税者も「自分の税金がどこに使われたのかわからない」と不満を抱くことなく、「私が払った税金はこの政策に使われているのだな」と意識し、納税意欲が高まります。

個人向けの「ふるさと納税」や新たに始まる「企業版ふるさと納税」も、こういう発想から始まったのではないかと思います。

佐藤　かつて竹下登(4)政権時代に、一億円を各市区町村に配る「ふるさと創生事業」をやりました。あのときは金塊《きんかい》を買って展示した自治体がありました。寄付金の使い道についてアンケートを取ったりしながら「ふるさと納税」や「企業版ふるさと納税」を進めていけば、これはまさに山口代表が考えた「政策コンクール」になっていくでしょう。

奨学金を活用した大学生の地方定着

山口　文部科学省は、奨学金を活用した大学生の地方定着も推進しています。地方創生枠で無利子の奨学金を増やし、都市部から地方の大学へ学生を招く。地方での生活が気に入った学生は、卒業後に地元で就職してくれるわけです。

また総務省は二〇〇九年度から「地域おこし協力隊」をスタートしました。隊員は都会から募集し、一年から三年地方で働きながら生活してもらいます。都会の若い人が過疎地を支援し、そこに政府が補助金をつけて一定の生活費、活動費を払ってあげるのです。五人、一〇人、三〇人と「地域おこし協力隊」が移住すれば、その地域が気に入って引き続き定着する人も増えるでしょう。

佐藤　私もときどき地方の大学と協力して講義のお手伝いをすることがあります。静岡県浜松市にある静岡文化芸術大学や沖縄県名護市にある名桜大学など、公立大学[5]は国立大学よりも圧倒的に地元との結びつきが強く、学生の学習意欲も高いのです。

公立大学と国立大学の間にどんな違いがあるのか。職員です。国立大学の職員は二〜三年の任期が終わると異動してしまいます。ですから、職員の中に「私は地元に骨を埋める」という意識が生まれにくいのです。公立大学の職員は異動することが少ないですから、「私はこの大学で最後まで勤め上げる」という意識をもって仕事熱心になります。

独立行政法人[6]になった国立大学が静岡文化芸術大学や名桜大学のように変われば、そのあたりの雰囲気はだいぶ変わっていくでしょう。

いずれにせよ、全国に散在する大学が地域との結びつきを強めれば、社会を活性化させる大事な拠点になることは確かです。

民泊の規制緩和で外国人観光客二〇〇〇万人を呼びこむ

佐藤　安倍総理は二〇二〇年までにインバウンド（外国人観光客）を二〇〇〇万人に増やすという目標を掲げています。一五年の時点ですでに一九〇〇万人を突破しましたから、インバウンド二〇〇〇万人時代は一六年にも達成するでしょう。

観光客が急速に増えるなか、都市部ではホテルが満杯になってなかなか泊まれなかったり、かつての何倍もの値段をつけているホテルもあります。こうしたなか、旅館業法の縛りを緩くして「民泊」を規制緩和するべきだという意見もあるわけですが、公明党としては民泊についてどうお考えですか。

山口　観光客が急に増えすぎたせいで、宿泊施設などインフラ整備が追いついていません。観光への大きな需要がありながら、供給側とのバランスが取れていないわけです。ですから民泊推進はプラスではないでしょうか。

自宅の空いている部屋に泊まってもらう民泊は、ホテルとは違ってオーナーとのふれあいが感じられます。費用も高くありません。観光目的地にうんと近いといった利点もあります。
「食の安全をどう確保するか」「防犯と安全をどう確保するか」「何かトラブルが起きたときの責任の所在を明確にする」「近隣住民との調和を図る」。こういった課題を乗り越えられるよう政治が後押しすれば、民泊は今後規制緩和で認めていってもいいのではないでしょうか。

佐藤　私は外務省入省後、イギリスの陸軍語学学校で語学研修を受けていた時期があります。イギリスにしてもロンドン中心部の民泊（ベッド・アンド・ブレックファスト）はかなり質の悪い安宿でした。そうした安宿がある地域は、治安もあまりよろしくありませんでした。
ところが北アイルランドのベルファストやロンドンデリー、アイルランド共和国のコークのように巨大都市ではないところで民泊を利用すると、素晴らしくレベルが高いのです。しっかりした家でオーナーが一緒に住みながら、食事を作ってくれました。ほかの部屋に泊まっている人も含めて一緒に話ができましたし、日本のユースホステルのような雰囲気でした。

山口　「急に需要ができたから、空いているワンルームマンションを安上がりに改造して貸してしまえ」ということではいけません。民泊といっても、要は日本人が利用している民宿のことなんですよね。民宿のオッカさんにご飯を作ってもらい、オヤジさんと話をしながら一緒にお酒を飲む。こういう宿は昔から日本にあるわけです。

民泊の規制緩和を進めると同時に、観光産業のテコ入れも進めなければなりません。日本の観光は周遊型中心であり、滞在型観光が少ないのです。北海道のように冬のスポーツを思いきり楽しめる地域もあれば、沖縄のようにサンゴ礁が豊かな地域もある。温泉があり海があり、山や川があり、地域ごとの豊かな文化がある。

こうした多様な観光資源を一遍《いっぺん》に楽しむためには、滞在型観光によってある程度まとまった期間過ごしてもらう必要があります。工夫次第で、地方の観光産業はいくらでも伸ばしていけるのではないでしょうか。

移民受け入れと「異なる者」を認め合う共生社会

佐藤　労働力不足に悩む地域があります。かたや外国人がたくさん移住してくる地域も日本にはあるわけですが、山口代表は移民問題についてどうお考えですか。

山口　難しい面がありますが、受け入れ方を工夫すれば移民は受け入れてもいいと思っています。私の考えは、移民受け入れについて消極的ではありません。

佐藤　移民問題は、じつは成長戦略と裏表です。移民受け入れについてまったく考えない成長戦略は、非現実的ではないでしょうか。成長なくして福祉政策を安定的には維持できません。ある枠内においての移民受け入れに、日本はそろそろ踏み出すべきです。

すでにフィリピンからは日本へ事実上の移民がたくさんやって来ています。驚いたことに、日本のフィリピン人はカトリック信者が多いのですが、日本ではカトリック教会に通わずに、創価学会に入会する在日フィリピン人が増えているという話を聞きました。

日本に移民を積極的に受け入れる雰囲気づくりは、創価学会が世界宗教であるはずのカトリック教会より先に進めているのです。移民と日本人との間の軋轢《あつれき》を克服するノウハウは、すでに創価学会の中でたくさん蓄積されているのではないでしょうか。

山口　移民が急に増えれば、当然地域住民との摩擦《まさつ》が生じます。かつてドイツがトルコ人を一気にたくさん受け入れすぎた結果、トルコ人だけが集まる地域ができて地域社会が分裂してしまったことがありました。そういうことにならないように、移民と地域住民が融和して溶けこんでいける社会を作るべきです。

群馬県にはブラジル人がとても多く、移民受け入れの成功例なのですよね。群馬県全体では世界一〇七カ国からやってきた四万二三二一人の外国人が暮らしています（県全体の人口の二・一%、二〇一四年一二月末日時点）。このうちブラジル人が一万一一三七人おり、第二位以下は中国（七五二八人）、フィリピン（六〇二八人）、ペルー（四四六六人）、ベトナム（二九四六人）です。[7]

伊勢崎市や太田市、大泉町には特に外国人が多いですし、大泉町は人口の一割がブラジル人が占めます。

佐藤　大泉町ではブラジル人がサンバカーニバルを盛大に開きます。こういう形で移民ともともと住んでいた住民が融和していけば、地方における労働力の不足といった問題を克服しながら、移民と地域住民がともに発展していけます。

公明党の根底に息づくコスモポリタニズム

山口　私の自宅は葛飾区にあるものですから、二〇一六年一月の地元の成人式に出かけてきました。すると葛飾区だけでも外国人の成人が二〇〇人以上おり、[8]小学校ではクラスに一人や二人は外国人との間に生まれた子がいるのです。

佐藤　江戸川区西葛西は近年「インド人の町」と呼ばれており、すでに二五〇〇[9]人以上のインド人が暮らしているそうです。
山口　オコエ瑠偉《るい》選手のように、高校野球からプロ野球へ進む選手も出てきました。
佐藤　彼のお父さんはたしかナイジェリア人でしたね。甲子園大会で大活躍し、一六年に東北楽天ゴールデンイーグルスへ入団しました。
山口　サッカーやラグビーなどの日本代表にも帰化した外国人や外国人のお父さんやお母さんをもつ選手が選ばれています。ファンは違和感なく「日本人の一人として一緒にがんばろう」と応援し、スポーツを通じて移民への社会的受容が育っているのではないでしょうか。
佐藤　そこで生きてくるのが、公明党がいつも口にしている「大衆」「民衆」という言い方なのです。「国民の生活が第一」なんて言ってしまったら、日本国籍をもっていない人の生活が排除されてしまいます。公明党の根底にはコスモポリタニズム[10]（世界市民主義）に対する肯定的な価値観がありますから、「国民」ではなく「大衆」「民衆」という言葉遣いが自然に出てくるのです。
　もちろん文化や国籍の違いはあるにせよ、人間は基本的に平等であるという価値観が公明党には育まれています。だから移民といたずらにぶつかることなく、軋轢を克服して緩やかな同化主義を築ける可能性があると思うのです。調和的な移民プログラムを組めるのは、日本の政党の中で公明党だけではないでしょうか。「大衆、民衆こそ主人公なのだ」という概念が公明党の根っこの部分に染みついているのです。

TPPが活性化するアジア太平洋の自由貿易

佐藤　二〇一六年二月、日本、アメリカ、カナダ、メキシコ、ペルー、チリ、オーストラリア、ニュージーランド、ブルネイ、マレーシア、シンガポール、ベトナムの一二カ国がTPP（環太平洋パートナーシップ）協定に署名しました。コメ、麦、牛肉・豚肉、乳製品、砂糖という日本の「重要五品目」を守りながら、関税撤廃ないし大幅引き下げによる自由貿易が始まります。

山口　アジア太平洋地域に自由貿易圏を大きく拡大し、世界の成長力の集中域を作る。これがTPPの目的です。TPPスタートにより、日本独特の農業や畜産業が衰退するようではいけません。国際競争に少しずつ同化できるよう日本の産業を守りながら、新しい国際競争力を生み出せるよう、大きな挑戦に向かっていくことが大事です。

佐藤　ＴＰＰに猛反対する人もいますが、グローバリゼーション（地球一体化）の流れはもはや阻止できません。いくら固定電話や公衆電話が大好きな人でも、携帯電話やスマートフォンの普及は阻止できないわけですよね。ＴＰＰにいたずらに反対するのではなく、グローバリゼーションの時代の中で日本の農業、畜産業がどうやって生き残っていくのか。未来について前向きに考えるべきです。

単に自由貿易だけやるということであれば、ＴＰＰという枠組みを新たに作る必要はありません。ＷＴＯ[11]（世界貿易機関）の枠組みを使えばいいわけです。アジア太平洋地域という限られた地域だけで自由貿易を進め、一二カ国以外の地域についてはこれまで同様に関税障壁を設ける。この障壁部分を強調すると、ＴＰＰはブロック経済[12]に近い発想になって中国との軋轢が増してしまいます。

中国と日本の間には人・モノ・カネの移動がすでに活発にあるわけですし、「ＴＰＰによって、日本とアメリカは中国を排除したブロック経済を生み出そうとしている」といった言説は幻想にすぎません。

ＴＰＰがもつ自由貿易の側面をグローバル経済の中で生かし、なおかつ中国との軋轢を強めないようにする。ここは日中友好の長い歴史をもつ公明党の腕の見せどころです。

沖縄の基幹産業サトウキビ栽培は「人間の安全保障」だ

佐藤　私の体には半分沖縄の血が入っていますから、沖縄の重要産業であるサトウキビを強く意識してしまいます。幸いアメリカもサトウキビは守らなければいけない立場ですから、日本もＴＰＰにおいてはサトウキビを防衛できました。

もし砂糖がＴＰＰの中で完全に自由貿易化されれば、日本はオーストラリアのサトウキビに太刀打ちできません。となると、沖縄の島嶼《とうしょ》部――たとえば先島《さきしま》諸島や久米島の基幹産業[13]がつぶれてしまいます。基幹産業がつぶれれば、これらの島嶼部が無人島化してしまいかねません。

安全保障の観点から考えても、国境地域における無人島はできるだけ少なくしたほうがいいわけです。ＴＰＰには安全保障の要素もあります。軍事力ではなく、経済の力によって具体的に人の生活圏を守っていく。そのことがすなわち安全保障に直結します。ＴＰＰは公明党が重視する「人間の安全保障」でもあるのです。

山口　私も沖縄の離島を回りながら、サトウキビの重要性を強く実感しました。サトウキビは沖縄の離島において、最も換金性が高い作物です。気候の異変に強いのも特徴です。

佐藤　サトウキビは強く根を張りますから、台風がやってきても作物が全滅することはありません。

山口　そのサトウキビ作りを、明治以来ずっと日本は保護して育ててきました。都市部と地域との格差をなくす明治的手法がいまも生きているのです。国際競争が激しい現代だからといって、沖縄の離島がサトウキビに代わる換金作物をすぐに生み出せるわけでもありません。サトウキビのような基幹産業は、ＴＰＰが始まっても政府がしっかりガードして守るべきなのです。

離島の地下ダム建設で淡水スプリンクラーを農業に活用

山口　沖縄の離島における基幹産業がサトウキビだからといって、サトウキビのみに依存するのは危険です。沖縄の離島を回るなか、サトウキビ以外の産業も芽吹き始めていることに私は目を見張りました。

石灰石の鍾乳洞《しょうにゅうどう》をイメージするとわかるのですが、石灰質のサンゴ礁を伝わって、雨水が次第に地下に浸透していきます。そのサンゴ礁を利用して地下ダムを造っている島があるのです。雨水は放っておくと海に流れてしまいますよね。石灰質のサンゴ礁を伝わる地下の流れの一方をせき止めてあげれば、地下に淡水のダムができます。

佐藤　それはおもしろい。

山口　その水を汲み上げて、スプリンクラーを使ってまいてあげるのです。もちろんサトウキビにまいてもいいですし、水は違う作物を育てることにも使えます。これまでサトウキビしか作っていなかった農家が、マンゴーやランなど換金性が高い別の作物を作れば、日本本土や海外に売って高い利益を上げることができるでしょう。

佐藤　紅芋なんかもいいかもしれませんね。

山口　そうですね。宮古島や喜界《きかい》島は、すでに地下ダムによって成功しています。喜界島は奄美大島のすぐ隣にある小さな島ですが、オールスプリンクラーで天然の淡水を農業に利用しているのです。南大東島はサトウキビが主たる産業ですが、ここはサトウキビを三毛作で作っていたりして、驚くほど効率的な経営をしています。インフラ整備を政府が後押しすれば、離島の農業はさらに伸ばすことができるのです。

佐藤　私はよく沖縄に出かけるわけですが、沖縄の離島はどこに行っても公明党の地方組織がよく整っています。実は沖縄の離島政策においては、公明党が非常に大きな影響を行使できるのです。母が久米島出身の私としては、公明党の沖縄政策にはおおいに期待しています。

東日本大震災から五年　公明党の震災復興への取り組み

佐藤　二〇一一年三月一一日に東日本大震災が起きてから、すでに五年が経過しました。発災当時野党だった公明党は、一貫して震災復興に真剣に取り組んでいます。

山口　東日本大震災は未曾《みぞう》有の複合災害へと拡大しました。私たちは発災直後から、単なる街づくりや住宅の再建だけでは復興は成り立たないと考えています。日本国憲法には幸福追求権[14]や生存権[15]が書かれているわけです。被災地で暮らす人々が「もう一度がんばろう」という気持ちで立ち上がる。「人間の復興」こそ、震災復興の最も大切なポイントだと焦点を定めました。

　どこまでも被災者に寄り添うため、地元の地方議員はもちろんのこと、公明党はすべての国会議員を漏れなく被災地ごとに担当を分担させています。公明党の国会議員は、被災地と東京を何往復もしながら現場のニーズをつかみとっていきました。発災当初は、野党議員でありながら政府や自治体の手が届かないところを補って復興に尽力しています。

五年間、取り組むなかで岩手県と宮城県はある程度復興が進んできました。住まいが確保され、産業が戻ってきたわけですが、いまでも課題は山積しています。波によって港も船も加工場も破壊されてしまった漁業従事者は、なんとか船や拠点を再建しました。問題は、一度なくしてしまった販売網を回復するのは容易ではないことです。

佐藤　販路がなくなった隙間には、すぐに別の業者が入ってきますからね。震災直後に別の販路ができているところに、政府なり自治体が介入して業者を追い出すわけにはいきません。

山口　カマボコやフカヒレといった岩手や宮城の名産品を買っていた流通業者や消費者が、別の業者から仕入れるルートができたわけです。ここでＴＰＰが生きるわけですよ。国内に販売網がなければ、海外に輸出していけばいい。いままであった関税を撤廃すれば、「日本の優れた水産加工品を輸入したい」という国は必ずあるわけです。

高付加価値の商品をＴＰＰ体制の中で海外に売り出していけば、東北の被災地の復興に直結するのではないでしょうか。

二〇二〇年へ向けての「復興・創生期間」の始まり

山口　東日本大震災の被災地のうち、もっとも復興に苦労しているのは福島です。福島第一原子力発電所の廃炉《はいろ》プロセスは、数年単位では完結しません。福島については、他の被災地とは別の視点で復興に取り組む必要があります。

東日本大震災発災後の五年間を、政府は「集中復興期間」と位置づけてきました。東日本大震災復興基本法という法律を作り、復興庁という役所を新たに設け、復興債を発行して特別会計の財源を確保してきたわけです。こうして震災後の最初の五年間を通じ、復興についておよそのアウトライン（概略）を組み立ててきました。

二〇一六年から二〇二〇年にかけての第二の五年間を、政府は「復興・創生期間」[16]と位置づけています。この五年間は、地方創生やＴＰＰと合わせ技にしながら、被災地の復興を底上げしていきたい。

佐藤　もちろん国は特に福島に力を入れて支援するわけですが、国の支援だけでは復興は進んでいかないでしょう。福島が自らの力で立ち上がっていこうと努力していることに私は強い感銘を受けています。

山口　福島第一原発を廃炉にする工程を着実に丁寧に進めながら、避難を徐々に解除して故郷に再び帰っていただく。福島の被災地にコミュニティを再形成し、産業を復活させていきたいと思います。

だけれども政府が福島の人たちに「みんなで故郷に帰りましょう」と強要するわけではありません。すでに別の場所で別の人生を歩み始めている人もいるわけですからね。

佐藤　よくわかります。自助と公助、共助のバランスが重要ですね。震災によって計り知れない被害をこうむった福島では、他の地域とは違った自助、公助、共助のバランス調整が必要です。

山口　福島以外の地域で暮らしていく人を阻害しない。なおかつ、福島で再び暮らしていこうと考えている人については、政府や県が補償をするだけではなく、再建の意欲が萎《な》えてしまわないようにする。ここでも「人間の復興」の精神が大事になってくるわけです。

福島の大規模風力発電「イノベーション・コースト構想」

山口　浜通り（福島県の太平洋側沿岸部）で暮らす人たちは、必ずしも好んで「どうかいらっしゃってください」と原子力発電所を誘致してきたわけではありません。賛否両論あるなかで「お国のために」「東京のために」と原発を受け入れ、協力してきたわけです。

その浜通りが、津波と原発事故によって犠牲になってしまいました。「もう原発はこりごりだ」という思いが渦巻くなかで、浜通りの人が希望をもって生きていくためにはどうすればいいのでしょう。

そこで公明党の赤羽一嘉《かずよし》・経済産業副大臣（二〇一二年一二月～一四年九月）や高木陽介・経済産業副大臣（一四年九月～）、浜田昌良・復興副大臣（一二年一二月～一五年一〇月）、若松謙維《かねしげ》・復興副大臣（一五年一〇月～）、公明党の地方議員を中心として議論を進め、国・県・市町村・有識者が協力して「イノベーション・コースト（福島・国際研究産業都市）構想」を打ち立てました。（一四年六月に基本方針を発表）

アメリカ・ワシントン州のハンフォード・サイトは核開発の実験場だったわけですが、

負の遺産の記憶を克服し、国立公園として再編しています。この事例を見習い、浜通りをロボットなどを使った原発の廃炉技術と自然エネルギーの開発拠点にすることに決めました。

福島県楢葉《ならは》町の沖合約二〇キロには、日本で初めての二メガワットダウンウィンド型風車浮体「ふくしま未来」が稼働しており、一三年一一月から東北電力に売電を開始しています。「ふくしま未来」で約一七〇〇世帯分の消費電力をまかなえているのです。

風力発電施設は、ほかにも続々と建設が進んでいるところです。福島で原子力発電に替わる新しい自然エネルギーの開発を進め、さらに地方創生のアイデアを組み合わせていきます。

佐藤　実効性の高い取り組みだと思います。

山口　東日本大震災発災以来、公明党は一貫して「風評」と「風化」という「二つの風」と向き合ってきました。公明党の井上義久幹事長は東北大学工学部出身であり、衆院比例東北ブロックの選出でもありますから、政府与党会議を開くときには毎回必ず被災地について口にします。

言われなき風評被害を防ぎ、記憶の風化と戦う。「二つの風」との戦いは、震災から五年が過ぎたこれからも続けていかなければいけません。

佐藤　「二つの風」との戦いに公明党が最終的に勝利することを、私は確信しています。「公明党」という主語の中には、すでに「勝利する」という述語がセットで組みこまれていますからね。

山口　そのように期待してくださり、ありがとうございます。

日本政治の舵取り役としての与党・公明党

佐藤　かつては公明党に強いアレルギー反応をもっていた人が多かったわけですが、このところ公明党への信頼感は大きく広がってきました。私は創価学会員でもなければ、公明党員でもありません。創価学会や公明党のファンではありますが、私自身はプロテスタントを信仰しているキリスト教徒です。

私のように外部にいる人間から見ると、二〇一三年、一四年あたりから創価学会、公明党に対する信頼感がかつてないほど広がっていることがよくわかります。もちろんかつては「福祉の分野についてては評価するけれど、公明党のことはあまり好きではない」という声は多かったわけです。

山口　そうかもしれません。

佐藤　しかも福祉以外のところでは「下駄《げた》の雪」という言い方をして公明党を揶揄《やゆ》する声が多かったわけです。その公明党が、いまや安全保障や税制といった国の根幹をなす政策についても、多大なる影響を及ぼすようになりました。

本書第一章でも語り合いましたが、一四年秋に公明党が党史『大衆とともに――公明党50年の歩み』を出版した意味が非常に大きかったと私は思うのです。「言論・出版問題」以降、創価学会について言及することに遠慮があった公明党が、党史の冒頭に創立者・池田大作会長（当時）の名前と顔写真を掲げた。党の歴史について堂々と宣言し、責任政党としての仕事を果たしていった。

「言論・出版問題」以降萎縮《いしゅく》していた公明党が、正式な党史の中で公明党としての正しい認識を述べた。これが山口那津男体制になってからの公明党の、もっとも大きな歴史的変化です。

山口　公明党結党五〇年と軌を一にして、佐藤さんは『創価学会と平和主義』（朝日新書、二〇一四年）という本を書いてくださいました。この本は一〇万部を超えるベストセラーになっています。この本以外にも佐藤さんは新聞や雑誌などの多くのメディアで、公明党と創価学会について正視眼《せいしがん》の見方を示してくださいました。

外部の有識者である佐藤さんが、公明党と創価学会の存在価値を客観的に評価してくださったおかげで、我々に対する世の中の見方はかなり変わってきたと思います。

佐藤　バイアス（偏った見方）をかけず、公明党と創価学会の姿を正面から評価するべきなのです。

「公明党は世俗政党」「自民党は宗教政党」

佐藤　私が有識者と意見交換していると、「公明党の山口那津男代表について詳しく知りたい」という声をしょっちゅう聞くのですよ。また霞が関（中央省庁）の官僚は、かつては「論理の自民党」「情緒の宗教政党・公明党」という見方をしていました。ところが最近の官僚は「論理の公明党」「情緒の自民党」という事実に気づいてきたのです。この点は、平和安全法制の整備を通じてはっきりと可視化されました。
山口　ありがとうございます。
佐藤　もっと言うと、霞が関の官僚たちのイメージは「公明党は世俗政党」「自民党は宗教政党」と変わってきているのです。公明党は理詰めの議論を大切にしますし、意見の異なる人と話をするときにもケンカになりません。だから公明党の議員とは、誰でもとても話がしやすいのです。これに対して、自民党の一部には、むしろ宗教と言ったほうがいいようなイデオロギーをもっている人たちもいる。

日中外交や日韓外交が典型ですが、公明党は他の政党とは明らかに一線を画して世界で受け入れられています。なぜか。その理由の根幹は、ＳＧＩ（創価学会インタナショナル）のメンバーが世界中に存在し、公明党はＳＧＩの人間主義の価値観を共有しているからです。

東アジアにおいて、国境を超えてすべての人々が共有可能な価値観はＳＧＩの平和思想以外に見当たりません。ＳＧＩの世界宗教化は、じつは東アジアの安定と平和の最大のカギとなるのです。

山口　経済や政治のロジック（論理）だけでは、どうしても国家間の利害がぶつかり合ってしまいます。東アジアに統合と調和をもたらすためには、平和的な哲学を人々が共有する前提ができるといいですね。

佐藤　「価値創造」「生命を重視する」「人間主義」といった仏教思想の哲学は、ＳＧＩメンバー以外にも共有可能です。こうした世界市民主義的な価値観を作り出すことができる創価学会、SGIの使命がいかに大きいか。

創価学会を支持母体とする公明党が、山口代表をはじめとする優れた政治家を陸続と輩《はい》出《しゅつ》しているのは必然なのです。

(1) **まち・ひと・しごと創生本部** 人口減少と超高齢化に地方創生で対応するため、安倍政権が設置。石破茂・地方創生担当大臣の指揮のもと、二〇一四年九月に発足。縦割り行政を突破し、省庁横断型の政策を実施。

(2) **PFI (Private Finance Initiative)** 国や自治体が握ってきた設備の運営権を、民間に譲って効率的に運営してもらう動き。一九九九年には東京都葛飾区の金町浄水場が、二〇〇五年には高知医療センターがPFI方式に移行。

(3) **全国の空き家数** 総務省によると、全国には空き家が約八二〇万戸存在(二〇一三年)。一五年五月に空き家対策特別措置法が施行され、持ち主不明の空き家を行政が修繕・解体できるようになった。

(4) **竹下登** 一九二四〜二〇〇〇年。一九五八年より衆議院議員(当選一四回)。官房長官、建設相、大蔵相、自民党幹事長を歴任。八七年に首相に就任。八八年に初めて三%の消費税を導入した。

(5) **公立大学** 全八六校(二〇一五年四月現在)。もともとは地方公共団体が設置する公的な大学だったが、地方独立行政法人法によって、〇四年度から公立大学法人による運営へと切り替わった。

(6) **独立行政法人**　中央省庁の業務を効率化するため、二〇〇一年より一部の業務を独立化させる動きがスタート。国立大学法人、国立公文書館、国民生活センター、大学入試センター、国立病院機構など。

(7) **群馬県内の外国人**　群馬県庁NPO・多文化共生推進課による。（二〇一四年一二月末日時点）

(8) **葛飾区の成人者数**　東京都葛飾区の二〇歳人口は、日本人が男性一九九四人、女性一九〇〇人。外国人は男性一六二人、女性一一六人。（二〇一六年一月現在／葛飾区戸籍住民課による）

(9) **江戸川区内のインド人**　江戸川区内の外国人は二万八一一三人、そのうちインド人は二八四〇人。東京都内全体ではインド人が九四七五人おり、江戸川区が群を抜いてトップ。（二〇一六年一月／東京都の統計による）

(10) **コスモポリタニズム（世界市民主義）**　民族や国家の違いを超越し、全人類がすべて等しい同胞（仲間）であるという考え方。世界主義、世界公民主義とも呼ばれる。起源は古代ギリシャの哲学思想にまでさかのぼる。

(11) **WTO（世界貿易機関）**　関税及び貿易に関する一般協定（GATT）を解消し、一九九五年一月に発足。世界貿易の自由化、関税率の交渉などを話し合い、国家間の紛争を未然に防ぐ。スイス・ジュネーブに本部を置く。

(12) **ブロック経済**　複数の国が築く経済協力体制。本国（宗主国）と植民地、近隣の友好国同士で協定を結び、域内の食糧・エネルギー供給を円滑化したり、他の地域よりも有利な貿易体制を構築する。

(13) **基幹産業**　国の経済活動の基盤をなす産業。鉄鋼、石油・石炭・原子力エネルギー、自動車や電化製品生産など。ゲームやアニメ、マンガ、和食といった分野も近年重要産業化しつつある。

(14) **幸福追求権（日本国憲法第一三条）**　〈すべて国民は、個人として尊重される。生命、自由及び幸福追求に対する国民の権利については、公共の福祉に反しない限り、立法その他の国政の上で、最大の尊重を必要とする。〉

(15) **生存権（日本国憲法第二五条）**　〈すべて国民は、健康で文化的な最低限度の生活を営む権利を有する〉。生活保護受給制度をはじめとする社会福祉、社会保障、公衆衛生の向上は、生存権に基づいて実施される。

(16) **復興・創生期間**　復興庁は東日本大震災後の二〇一一～一五年度を「集中復興期間」、一六～二〇年度を「復興・創生期間」と位置づける。前期には二五・五兆円、後期には六・五兆円の復興事業費を計上。

あとがき　山口那津男

佐藤優さんとの対談は二度目になる。初めてのやり取りは、「あさラジスペシャル」というニッポン放送のラジオ番組だった。佐藤さんは、ものごとの核心にズバッと迫ってくる。「なんと分かりやすい運びをされるのだろう」と感心したものだ。そのときのテーマは安保法制などだった。テンポよく、かみ合い、リスナーの反響もあった。

この度の対談でも、同じテーマが取り上げられているが、文字になるとさらに論旨《ろんし》が明快になる。もちろん、佐藤さんが、元外交官であり情報分析のプロであるから当然といえば当然だが、それだけではない。私はこのテーマに関わった当事者であり、意思決定の過程で表に出ない情報や本当の経緯を知っている。しかし、佐藤さんは、表に出た情報、つまり政府の決定や国会の「議事録」、『公明新聞』などの報道記事をもとに、実に的確に核心に到達しているのである。

対談を通して、何度も「えっ、こんな捉え方ができるのか」と驚かされた。佐藤さんが、日ごろからものごとの基礎知識を大切にしながら、とりわけ民族や国家の背景にある宗教や文化への幅広い理解をもとに、深く思考し鋭く分析しているたまものなのだろうと納得した次第である。

思えば、外務省も惜しい人材を失ったものだ。

佐藤さんは、公明党が長い歴史を経て、与党となるのは必然だという。結党以来五二年近い歴史の後半は、与党になることを前提とした時代といってよい。日本では、一九九三年以来、自民党をはじめどの政党も単独で衆参の過半数を獲得できず、連立政権の時代が続いている。その間、もっとも長い経験を有するのが自民党と公明党の連立政権である。

公明党は、細川・羽田政権で初めて与党となるが、多党派の寄り合い所帯で経験不足は否《いな》めず、短命に終わった。そのときの教訓をもとに、一九九九年、自自公連立を経て、第一次自公連立政権が誕生する。当時、私は落選中であった。間もなく行われた衆院選で、私は、与党でありながら小選挙区での調整もかなわず、自民党現職とぶつかり、再び落選の憂き目に遭うのである。

長年、与野党で対峙《たいじ》してきた歴史があり、政党の文化も違う自公両党が、試行錯誤の中で、摩擦やぎこちなさを徐々に克服していく。二〇〇九年に下野するが、三年余りの臥薪《がしん》嘗胆《しょうたん》の後、政権を奪還し、第二次自公政権が誕生する。

野党時代を挟んだ一七年間に及ぶ自公関係は、いつしか「風雪に耐えた関係」と呼ばれるようになった。衆参のねじれを繰り返し、政権交代を繰り返し、短命内閣が続いたうえにたどり着いた今日の政権である。


連立政権の時代のかれこれ四半世紀に及ぶ経験を経て、現下の日本政治が直面する課題をいくつか挙げてみたい。

一つ目は、政権を安定させて本格的な政策課題に取り組まなければならないということである。一党支配が成り立たない政治構造のなかで、連立政権をいかに安定的に運営するかが本来問われているが、この間、政権奪取それ自体を目的にする挑戦にさらされてきた。自公政権は、数のうえでも、質のうえでも、もっとも安定的な運営ができる要素を備えている。それぞれの政党のガバナンス、政策の幅と合意形成力、選挙の協力、国会での対応などの経験により培った知恵は少なくない。いまこそ政治の安定を大切にしながら国民の直面する重要な政策課題を着実に実現すべきときである。

二つ目は、衆参ともに一票の格差が違憲状態を脱した安定した選挙制度の下で構成されることである。選挙のたびに「違憲状態」との最高裁判決が追いかけてくるような国会にしておいてはいけない。一八歳選挙権が実現するいまだからこそ弥縫策《びほうさく》から抜け出す勇気を持って将来に臨むべきではないだろうか。

三つ目は、人口減少、少子高齢社会に本格的に取り組むことである。社会保障と税の一体改革を進めるために、デフレ脱却の道筋を先行させてきた。いずれが欠けても目標の最大値を実現することはできない。さまざまな阻害要因が現れたとしても、この基本線を容易に覆すようでは国民の本当の信頼は得られない。昨年の国勢調査で、初めて人口減少社会の到来が裏づけられた。首都圏への一極集中も顕著である。歪みをなくすホンモノの地方創生が求められている。腰を据えてかからなければならない。

四つ目は、国際社会と協調しながら相互に支え合っていくことである。政権奪取への挑戦は、内政での消耗を生み、外交や国際交流を政治がおろそかにする状況をもたらした。この間、日本の存在感が薄れ、失われた国益があったことを軽く見てはいけない。第二次自公政権の下で、政府与党挙げての活発な外交交流により、本来あるべき日本の存在感を発揮し、経済や安全保障の面でも大きく失地を回復してきている。相互依存がますます強まる国際社会のなかで、いたずらに敵対や対抗に走るのではなく、協調と協力による共存を図っていかなくてはならない。

五つ目は、憲法を改正する場合には、国会で議論を尽くして、国民の十分な理解を得て、その機運を熟成させることである。国民が改正しなければ困ると国会に求めるようなアプローチが本来望ましい。現在、そのような差し迫った状況にあるとは思えない。現行憲法が施行されて七〇年近く経つ今日、一切変えてはならないというような頑《かたく》なな護憲に閉じこもることもなかろう。制定時にはなかった新しい憲法的価値が確立しているなら、それを加えていくのが現実的なアプローチといえる。公明党はこのような「加憲」の考え方に立っている。あえて言えば、良いものに良いものを加えてさらに良くしようという基本である。悪いものだから悪いところを直そうというものではない。実際の論争は、何を変えるか、どのように変えるかに移ってきており、単純な護憲か改憲かという分類は古くて意味がない。改正が自己目的化し、容易な入り口を探しまわるようなアプローチは本末転倒である。いずれにしても、発議権をもつ国会での議論が十分に深まっておらず、選挙の争点にできるほど熟成してはいない。国民の理解を伴う議論をするにはもっと時間をかける必要がある。

日本政治の直面する課題はこれに尽きるものではない。しかし、これらの課題は安定した政権にして初めてがっぷり四つに組んでいけるものである。全国に広がったネットワークをもつ公明党が国民目線に沿った視座からその持ち味を存分に発揮することは、大方の国民の期待するところでもある。その役割は、ときにブレーキともなり、ときにアクセルともなって、破綻や失速を防いでいくことになる。公明党が、これからの日本政治になくてはならない政党として、その存在感を確たるものにするよう微力を尽くしていきたい。この対談を通してそのことがいささかでも伝われば幸いである。

本書を発刊するにあたり、潮出版社の幅武志さんには格別のご尽力をいただいた。心から感謝申し上げる次第である。

二〇一六年三月一〇日

山口那津男

いま、公明党が考えていること

2016年 4月20日 初版発行
2016年 4月28日 2刷発行

著 者｜ 佐藤 優
山口那津男
発行者｜ 南 晋三
発行所｜ 株式会社 潮出版社
〒102-8110
東京都千代田区一番町6 一番町SQUARE
電話 ■ 03-3230-0781（編集）
■ 03-3230-0741（営業）
振替口座 ■ 00150-5-61090

印刷・製本｜ 凸版印刷株式会社
ブックデザイン｜ Malpu Design

ISBN978-4-267-02050-6

佐藤 優　さとう・まさる　（作家／元外務省主任分析官）

一九六〇年東京都生まれ。同志社大学大学院神学研究科修了後、専門職員として外務省に入省。在ロシア日本大使館に勤務、帰国後は外務省国際情報局で主任分析官として活躍。『国家の罠』（毎日出版文化賞特別賞）、『自壊する帝国』（大宅壮一ノンフィクション賞）、『創価学会と平和主義』、歴史学者のトインビー博士と池田大作SGI会長の対談集『二十一世紀への対話』を解説した『地球時代の哲学』、『「池田大作 大学講演」を読み解く』など著書多数。

山口 那津男　やまぐち・なつお　（公明党代表／参議院議員）

一九五二年茨城県生まれ。東京大学法学部卒業。弁護士。東京都葛飾区在住。九〇年、衆議院議員に初当選（当選二回）。二〇〇一年より参議院議員（現三期）。防衛政務次官、党政務調査会長などを経て、〇九年九月より公明党代表。地雷除去活動支援と自衛隊が保有する対人地雷やクラスター爆弾の全廃、学校耐震化、東京大気汚染訴訟の全面解決などに尽力。さわやかで明快な語り口に定評がある。国会論戦での緻密な論理と独自の調査を基にした鋭い追及により、「政界きっての論客」と言われる。

本書は、2015年12月から16年１月にかけて
行われた対談を収録したものです。